Palme, Ficus & Co.

Pflege und Vermehrung für jede Art

ELISABETH MANKE

Palme, Ficus & Co.

Die schönsten Arten für die Wohnung

Was Sie in diesem Buch finden

Die schönsten Zimmerbäume 60

Palmen und Zimmerbäume pflegen 106

Anhang

Bäume für die Wohnung

Palmen und Zimmerbäume haben etwas Exklusives. Nicht umsonst bezeichnete der berühmte Naturforscher Carl von Linné Palmen als »Principes« – die Fürsten des Pflanzenreiches. Und was Ästhetik und Charisma angeht, stehen ihnen Zimmerbäume um nichts nach.

Die Vielfalt der Palmen

Palmen und Zimmerbäume verleihen jedem Raum besonderes Flair. Allerdings darf man weder Palmen noch Zimmerbäume über einen Kamm scheren, kommen sie doch aus den verschiedensten Regionen und Lebensräumen unserer Erde. Einige sind am Ufer des Meeres zu Hause, andere im dichten Regenwald oder auf den Höhenlagen der Gebirge der Tropen und Subtropen. Und alle stellen unterschiedliche Ansprüche an Licht, Temperatur und Wasser. Doch dank der Riesenauswahl lässt sich für fast jeden Standort in der Wohnung auch die richtige Pflanze finden.

Natürlich müssen Sie das Interieur Ihres Heimes in die Wahl einbeziehen. Sie werden bald selbst bemerken, dass Palmen und auch Zimmerbäume in kleinen und zudem voll möblierten Räumen mit auffällig gemusterten Tapeten völlig fehl am Platz sind, weil sie dort nicht zur Geltung kommen können. Gerade Palmen wollen für sich stehen und ganz allein wirken. Ihre ausdruckstarke Gestalt fordert einfach dazu auf: Die Wedel wollen sich entfalten und ihre dekorative Schönheit präsentieren, ohne eingezwängt zwischen den Möbeln zu stehen. Palmen brauchen viel Freiraum und einen neutralen Hintergrund. Der beste Platz befindet sich in Fensternähe.

Zimmer »bäume« stehen Palmen an Attraktivität um nichts nach. Zumeist handelt es sich hierbei um Arten, die es bereits als normale Topfpflanzen fürs Fensterbrett gibt, die aber in stattlicher Größe zu Zimmerbäumen avancieren und auch erst dann ihre wahre Schönheit und ihren vollen Charme entfalten. Viele von ihnen haben Ähnlichkeit mit den Palmen, werden bisweilen sogar mit ihnen verwechselt. Andere erinnern uns dank ihrer Blattfülle und der ausgeprägten Krone über dem hohen Stamm an heimische oder exotische Laubbäume, während wieder andere auf dicken Stämmen nur einen kleinen Blattschopf tragen.

Zumeist ist es die bunte Blattfülle, die uns bezaubert und wir vermissen die Blüten gar nicht. Aber auch die klaren Strukturen der

Die Steinfrüchte der Kokospalme *(Cocos)* keimen am sandhaltigen Ufer des Meeres.

Palmen und Zimmerbäume wirken selbst im Wohnraum stark auf unsere Sinne. Doch egal, ob Palme oder Zimmerbaum – beide geben einem Wohnraum erst das gewisse Etwas. Oftmals reicht es aus, wenn ein Exemplar im Zimmer steht. Entsprechende Größe, gute Pflege und den richtigen Platz vorausgesetzt, kann eine solche Solitärpflanze ungleich wirkungsvoller sein als eine Fülle kleiner Blumentöpfe. Da Gebäude als feste Hüllen des Wohnens ebenso wie Möbel und Haushaltsgeräte in ihrer Gesamtform starr sind, erfüllen Pflanzen eine wichtige Funktion – und für große, raumbestimmende gilt dies natürlich ganz besonders. Dabei ist es sicherlich nicht von vorrangiger Bedeutung, das Sortiment der Arten in der Wohnung ständig zu erweitern oder zu verfeinern. Es sollte uns viel mehr darum gehen, mit den und für die Pflanzen ein ausgewogenes Bioklima zu schaffen, das weniger von der Mode bestimmt als von der Einsicht getragen ist, dass Pflanzen einen lebendigen Teil unserer Wohnlandschaft ausmachen.

Palmen botanisch betrachtet

Die Pflanzenfamilie der Palmen, botanisch Arecaceae, zeichnet sich durch einige Besonderheiten im Vergleich zu anderen Pflanzenfamilien aus. Ihre Vertreter, die Palmen, gehören zu den einkeimblättrigen Pflanzen, das heißt, ihr Samen keimt mit nur einem Blatt, ähnlich wie unsere Gräser. Daher entwickeln sie auch – anders als die zweikeimblättrigen Pflanzen, zu denen unsere Laubbäume zählen – bis auf wenige Ausnahmen nur einen unverzweigten Stamm. Interessant ist weiterhin, dass der Stamm in seiner Basis noch vor Beginn seines Längenwachstums annähernd seine endgültige Dicke erreicht. Selbst Palmen, die regelrecht »stammlos« wirken, besitzen sehr wohl einen Stamm, nur bleibt dieser unterirdisch und ist nicht sichtbar.

Botanische Nomenklatur

Die Namensgebung der Pflanzen hat in der Vergangenheit bis in die Gegenwart aus vielerlei Gründen eine Fülle von Änderungen erfahren müssen. Für den Pflanzenliebhaber ist es daher nicht leicht, sich in diesem nomenklatorischen Durcheinander zurechtzufinden. Daher diente mir als Basis für eine beruhigende Nomenklatur: Erhardt, Götz, Bödecker, Seybold: Der große Zander, Enzyklopädie der Pflanzennamen, Band 1 und Band 2, Verlag Eugen Ulmer, Stuttgart,2008.

Deutlich erkennen Sie hier die Unterteilung der Blätter in charakteristische Fieder, die bis zur Mittelrippe reichen.

Die Einzelblüten der Palmen sind zumeist recht unscheinbar, aber in der Summe sind sie von großer Wirkung.

Die Früchte der Dattelpalme *(Phoenix)* haben für die Einheimischen eine enorme wirtschaftliche Bedeutung.

Auch die Blätter der Palmen haben eindeutige Kennzeichen. Die Pflanzen tragen entweder flach ausgebreitete Wedel wie ein Fächer und werden deshalb als **Fächerpalmen** bezeichnet, oder die Wedel sind fiederig geteilt – dann nennt man sie **Fiederpalmen.** An sehr jungen Pflanzen werden Sie diese Unterschiede nur schwer bemerken. Auch das erste Blatt, das sich meist nur einmal teilt, zeigt noch nichts vom endgültigen Habitus der Palme. Erst das zweite und dritte Blatt verraten die Palmengattung.

Von besonderem Reiz sind auch die Blüten der Palmen, zumeist kolbenförmige Blütenstände, die sich in den Achseln der Blätter entwickeln. Die Einzelblüte ist unscheinbar, aber in der Fülle sind sie von überwältigender Pracht. So besitzt der etwa 10 m lange Blütenstand der *Corypha* 100.000 Einzelblüten!

Ebenso interessant und oft sehr schmackhaft sind die Früchte. Steinfrüchte kommen am häufigsten vor. Unter ihnen gibt es Riesenfrüchte, wie die der *Lodoicea*, die manchmal 1 m Umfang erreichen. Tatsächlich sind es die gewaltigsten Früchte der Erde. Winzig nehmen sich dagegen die Früchte der *Chamaedorea* aus, sie werden gerade einmal 5 mm groß.

Exkurs in die Geschichte

Palmen gibt es seit etwa 40 Millionen Jahren. Und bereits 3000 v. Chr. wurde die Dattelpalme *(Phoenix)* im alten Mesopotamien angebaut. Bei den Griechen galt sie als Symbol des Sieges, weil ihr Holz sehr zäh ist und sich nicht biegen lässt. George Meister, der 1677

Von den Palmen an sich kann man fast alles verwerten, hier trocknen Pflanzenteile, die zu Fasern verarbeitet werden.

das südliche Afrika und Indonesien bereiste, beschrieb in seinem berühmten Werk »Der Orientalisch-Indianische Kunst- und Lust-Gärtner« 1692 mit großer Detailtreue Betel- *(Areca)* und Kokospalme *(Cocos)*.
Waren 1778 gerade 15 Palmengattungen bekannt, erwähnte der Kustos des Königlichen Botanischen Gartens zu Berlin, Carl Lebrecht Udo Dammer (1860–1920), 1897 in seinem Buch »Palmenzucht und Palmenpflege« schon etwa 1100 verschiedene. Heute zählt man rund 3500 Palmenarten, die gut 200 Gattungen zugeordnet werden.

Schön und nützlich

Bis heute ist die Palme der am weitesten verbreitete Nutzbaum der Tropen und Subtropen. Es ist schwierig, von allen Verwendungszwecken die wichtigsten auszuwählen. Einige reichen in unsere alltägliche Küche hinein – beispielsweise der Sago: Zu Kügelchen geformt, wurde diese Pflanzenstärke einst nach Europa exportiert. Das Produkt rührte von der Sagopalme *(Metroxylon)* her. Die Stärke befindet sich im Stammesinneren und wurde durch Auswaschen des gespaltenen Holzes

Mein Rat

Für alle, die mit großer Sorgfalt und Liebe bei ihren Pflanzen zu Werke gehen, ist es eine besonders dankbare Aufgabe, sich selbst eine Zimmerpflanze bis in die stattliche Höhe eines Zimmerbaums heranzuziehen. Doch der Weg dorthin ist weit und arbeitsintensiv.

gewonnen. Von einem Hektar Sagopalmen erhält man auf diese Weise 20 Tonnen Stärke. Heutzutage stellt man »europäischen Sago« aus Kartoffelstärke her.
International am bekanntesten dürfte die Kokospalme *(Cocos)* sein, die wichtigste Nutzpflanze in den Tropen. Ihre Früchte liefern mit dem getrockneten Nährgewebe der Samen das weltweit bekannte Kopra, das als Kokosraspel, Kokosflocken usw. gehandelt wird. Auch Kokosfett, ein weißes, geschmacksneutrales Hartfett, stammt von den Kokosnüssen. Die Dattelpalme *(Phoenix)* liefert die Datteln, die als Nahrungsmittel in den Wüstenregionen zwischen Marokko und Pakistan große Bedeutung genießen. Unter günstigen Bedingungen trägt ein etwa 40 Jahre altes Exemplar bis zu 150 kg Früchte im Jahr.
Für die menschliche Ernährung spielen öl- und fettliefernde Palmen eine besondere Rolle. Beispielsweise gewinnt man aus den Früchten der Ölpalme *(Elaeis)* Palmöl und Palmkernöl, das etwa 60 Prozent Fett enthält. Außerdem dienen die verschiedensten Palmenarten in den Tropen und Subtropen seit Jahrhunderten als Baumaterial und Flechtwerk für Hütten, Zäune und Matten. Palmwedel erfüllen dort den gleichen Zweck wie hierzulande die Dachziegel.

Lebendige Mitbewohner

Bei uns erfüllen Palmen und Zimmerbäume freilich in erster Linie dekorative Zwecke. Letztere kommen aus vielen, teils sehr verschiedenen Familien und haben daher auch unterschiedliche botanische Merkmale. Doch ob großblättrig, zweifarbig, stammbildend oder kletternd – eines ist ihnen allen gemeinsam: Sie sind nicht einfach Einrichtungsgegenstände, die beliebig austauschbar sind, sondern es handelt sich um lebende Individuen, die bei uns wohnen.

Kopra gewinnt man, indem das Nährgewebe der Kokosnüsse getrocknet wird. Dieses Kopra enthält fast 70 % Öl, man stellt daraus Kokosraspeln her.

Eine Palme möchte meistens allein stehen und wirken. Da sie raumgreifend und groß wird, gestehen wir ihr auch gern diese »Divenrolle« zu.

Dabei erfordert ein Zimmerbaum meist weit weniger Pflege als kleinere Topfpflanzen, die leichter austrocknen, deren Blüten entfernt werden müssen und die auch häufiger Dünger brauchen. Überhaupt ist ein Zimmerbaum meist widerstandsfähiger als andere kleinere Pflanzen; schließlich ist er nicht anderes als ein älteres und reiferes Exemplar der kleinen »Fenstertöpfe«.

Mein Plädoyer für Zimmerbäume richtet sich nicht gänzlich gegen die kleinen Topfpflanzen. Auch ich mag ohne die Saisonblüher nicht sein. Aber sie dominieren nicht. Wer sich für einen Zimmerbaum entscheidet, sollte indes auf ein urwaldähnliches Sammelsurium verzichten, damit jede Pflanze frei stehen und sich entwickeln kann.

Und nehmen Sie sich den folgenden Ratschlag zu Herzen: Eine gesunde und prächtige »Allerweltspflanze« ist allemal schöner als eine exotische »Rarität«, die nur kümmerlich wächst. Denn ob exotische Palme oder Zimmerbaum – beide sind ohne Reiz, wenn sie kümmern, mögen sie in einem noch so schönen Übertopf auf einer dekorativen Blumenbank stehen. Daher ist bei aller Ästhetik die Kenntnis ihrer Ansprüche wichtige Voraussetzung vor dem Erwerb größerer Pflanzen, weil man diese im Unterschied zu kleinen Töpfen oftmals nicht an einen anderen Platz stellen kann und weil ihre Anschaffung letztlich auch etwas kostspieliger ist. Dieses Büchlein soll Ihnen mit den Porträts und Pflegetipps von Palmen und Zimmerbäumen die Entscheidung leichter machen.

Auf einen Blick

- Eine einzige große Solitärpflanze besitzt weit größere Präsenz und Wirkung als eine Fülle kleiner Blumentöpfe.
- Bei den Palmen unterscheidet man Fächerpalmen, mit flach ausgebreiteten fächerartigen Wedeln, und Fiederpalmen, deren Wedel fiederig geteilt sind.
- Schon vor 5000 Jahren wurden in Mesopotamien Dattelpalmen angebaut; heute ist die Kokospalme die wichtigste Nutzpflanze der Tropen.
- Zimmerbäume sind lebendige Mitbewohner, die unser Wohnambiente prägen, aber auch Freiraum brauchen.

Palmen und Palmenähnliche

Vor rund hundert Jahren fanden Palmen – der Inbegriff südlicher Gefilde – Eingang in die gute Stube unserer Groß- und Urgroßeltern, wo sie fast so etwas wie ein Statussymbol waren. Heute kann sie sich jeder leisten. Hier eine kleine, aber feine Auswahl der über 200 Gattungen und rund 3500 Arten.

Erklärung zu den Symbolen

Symbolleiste:
Die Symbolleiste gibt in Kurzform Auskunft über den Lichtanspruch, die Blütezeit, den Wasserbedarf und die Vermehrungsart der Pflanze.

Blattform:
- Fächerpalme
- Fiederpalme

Lichtansprüche:
- Sonnig
- Halbschattig
- Schattig

Luftfeuchte:
- niedrig
- hoch

Wasserbedarf:
- viel
- mäßig
- wenig

Die schönsten Palmen

Herrscherpalme

Archontophoenix

Diese schnellwüchsige Fiederpalme kommt aus den tropischen und subtropischen Gebieten Australiens, wo sie ein besonders schöner Parkbaum ist. Ihre wissenschaftliche Erforschung verdankt diese Palmengattung den beiden Palmenspezialisten Hermann Wendland (1825–1903) und Carl Georg Oskar Drude (1852–1933).

Archontophoenix cunninghamiana ist eine robsute Zimmerpalme, sie kann sehr hoch werden.

Gestalt: Der schlanke Stamm kann 20 m erreichen. In einem Wedelkranz beugen sich die Fiederblätter, die etwa 4 m lang werden. Unter der Wedelkrone entwickeln sich die Blütenstände und danach die korallenroten Früchte. Herrscherpalmen vertragen keine Staunässe.

Pflege: Das Substrat sollte durchlässig und besonders bei jungen Pflanzen leicht sauer sein. Reichliches Gießen ist eine Voraussetzung für ein gutes Gedeihen. Verwenden Sie enthärtetes Wasser, zum Beispiel Regenwasser. Auch eine hohe Luftfeuchtigkeit ist für die *Archontophoenix* wichtig. Vor allem benötigt diese Palme das ganze Jahr über viel Licht. Nach einer Gewöhnungsphase kann man sie durchaus in die Sonne stellen. Im Sommer fühlt sie sich am wohlsten, wenn es schön warm ist. Dann wird allerdings auch viel gegossen. Hingegen benötigt sie im Winter einen kühlen, hellen und trockenen Platz. Temperaturen zwischen 10 °C und 15 °C sind völlig ausreichend. Die Wedel sollte man des Öfteren abduschen. Die »Herrscherpalme« avancierte wegen ihres schnellen Wachstums bald von der reinen Zimmerpflanze zur Kübelpflanze für Balkon und Terrasse, allerdings nur an einem windgeschützten Platz. Sie ist robust und verzeiht sogar kleine Pflegefehler.

Vermehrung: Aus frischem Samen, der innerhalb von drei Monaten keimt.

Arten:

- Unter dem Namen Herrscherpalme ist die *A. alexandrae* bekannt. Sie wurde nach der Prinzessin Alexandra benannt und ist vor allem in Queensland auf der Cape-York-Halbinsel zu finden. Ihre Fieder sind auf der Oberseite dunkelgrün, auf der Unterseite grün-grau. Der Stamm ist an der Basis verdickt. Die weißlichen Blüten bringen leuchtend rote Früchte hervor.
- *A. cunninghamiana*, nach dem Botaniker Allan Cunningham (1791–1839) benannt, ist robuster als *A. alexandrae*. Die Blätter sind beiderseits grün, der Stamm ist nicht verdickt. Ihre Blüten haben eine rotlila Farbe. Sie ist in Ostaustralien beheimatet.

Areca catechu **kann in ihrer Heimat bis zu 30 m hoch werden, ihre Krone ist relativ klein.**

Betelpalme

Areca

Die Betelpalme ist im tropischen Asien, in Australien, auf Neuguinea und im Malaiischen Archipel beheimatet und wächst dort vor allem im Schatten großer Bäume des Regenwaldes. Nur einzelne Arten der *Areca* stehen frei.

Benannt und beschrieben wurde sie von dem schwedischen Naturforscher Carl von Linné (1707–1778). Der große Reisende George Meister erwähnte die Betelpalme jedoch bereits 1692 und bezeichnete sie als »Arbor Areka« oder »Pynan-Baum«. Der Name »Areca« galt früher als Synonym für Palmen schlechthin, so dass noch heute im Handel oft ganz andere Gattungen als *Areca* vermarktet werden.

Gestalt: Die eleganten Wedel sind sattgrün, die Fiedern lanzettlich geformt. *Areca* besitzt keine Stacheln oder Dornen, wird nur mittelgroß und kommt sowohl einstämmig als auch mehrstämmig vor. Ist der Stamm nicht sichtbar, spricht man fälschlicherweise von stammlosen Arten.

Mein Rat

Die *Areca* ist als Jungpflanze leicht an dem noch auf der Erde befindlichen Samenkorn erkennbar. Doch sollte man es nicht vorzeitig abnehmen, da es die Pflanze anfangs noch mit wichtigen Nährstoffen versorgt. Erst wenn es sich von allein löst, können Sie es beseitigen!

Pflege: *Areca* ist eine wärmeliebende Palme; niemals sollte die Temperatur unter 18 °C abfallen. Außerdem braucht sie ständig reichlich Feuchtigkeit und muss auch täglich besprüht werden. Der Topf sollte in einem mit Wasser gefüllten Untersatz stehen. Allerdings muss man für ausreichend Bodenwärme sorgen, weil sonst die Palme Schaden nimmt.
Die Betelpalme verträgt zwar einen sonnigen Standort, gedeiht aber am hellen, nicht vollsonnigen Platz am besten. Als Substrat sollte eine nährstoffreiche, leicht durchlässige Erde verwendet werden.
Vermehrung: *Areca* wird durch Aussaat vermehrt; frische Samen keimen relativ rasch innerhalb von drei Monaten.
Arten:

- *A. catechu* hat bei uns die größte Bedeutung. Als Jungpflanze besitzt sie einen grünen Stamm, der mit zunehmendem Alter eine graue Färbung annimmt. Die Samen werden als sogenannte Betelbissen gekaut und haben berauschende Wirkung.
- Weitere Arten sind *A. triandra, A. aliceae* und *A. vestiaria*.

Erytheapalme

Brahea

Mit dieser Palme wurde Tycho Brahe (1546 bis 1601), dem berühmten Hofastronomen von Kaiser Rudolf II., ein Denkmal gesetzt. Um die Erforschung der Gattung machte sich zum einen der Palmenspezialist Karl Friedrich Philipp von Martius (1794–1868) und zum anderen der österreichische Botaniker Stephan Ladislaus Endlicher (1804–1849) verdient. Die Gattung enthält Arten, die früher der selbständigen Gattung Erythea zugeordnet wurden. *Brahea* ist in Mexiko, Guatemala und auf Guadeloupe beheimatet. Dort gedeiht sie oftmals auf felsigem Gelände. Sie bildet keine Horste, sondern wächst einzeln und ist sehr anpassungsfähig.
Gestalt: Diese Fächerpalme besitzt einen kräftigen Stamm, der 15 m hoch werden kann. Die Basis des Stammes ist etwas verdickt. Die Blattkrone besteht aus dicht stehenden steifen Stielen, an denen sich die kreisrunden Blätter befinden. Auffallend sind auch die gelben Blüten, die den Blattachseln entspringen.
Pflege: Diese Palmengattung, die als außerordentlich robust gilt, gedeiht nicht nur unter tropischen Bedingungen recht gut, sondern kann auch in den gemäßigten Breiten kultiviert werden. Wichtig ist ein gut durchlässiges Substrat, das – anders als bei den meisten anderen Palmen – auch etwas Kalk enthalten darf und nicht so nährstoffreich zu sein braucht. Der Standort sollte sonnig und vor allem gut

gelüftet sein. Im Sommer nur gießen, wenn das Substrat völlig trocken ist. Dann aber durchdringend wässern! Auch über den Winter ist die *Brahea* relativ unkompliziert zu pflegen: Ein heller, luftiger und kühler Platz, so um 10 °C, ist völlig ausreichend. In der kühleren Jahreszeit weniger gießen.

Vermehrung: Durch Aussaat, wobei die frischen Samen unterschiedlich auflaufen. So können sich schon innerhalb von zwei Monaten die ersten Keimlinge zeigen, es kann aber auch zehn Monate dauern. Deshalb sollten Sie nicht die Geduld verlieren.

Arten:

- *B. edulis* ist die Erytheapalme, die früher als selbstständige Gattung geführt wurde. Sie ist auch als »Guadeloupe-Palme« bekannt. Das süße Fruchtfleisch der schwarzen Früchte ist außerordentlich beliebt. Diese Palme, die besonders auf Guadeloupe zu Hause ist, wird 10 m hoch und bekommt einen dicken Stamm. Ihre grünen Fächerblätter bilden eine große Krone.
- *B. armata*, die Blaue Hesperidenpalme, hat blau angehauchte Blätter. Sie ist eine sehr robuste Palme, die sogar kurzzeitig Minusgrade verträgt.
- Weitere Arten sind: *B. aculeata, B. brandegeei* und *B. dulcis*.

Mein Rat

Im Sommer sollte *Brahea* unbedingt im Freien stehen. Allerdings erst langsam an die Sonne gewöhnen!

Brahea edulis ist nicht nur sehr attraktiv, sondern liefert auch viele steinfruchtähnliche süße Beeren.

Butiapalme

Butia

Vom südamerikanischen Kontinent kommt diese Fiederpalme, die man auch Geleepalme nennt, weil aus ihren Früchten Gelee zubereitet wird. Sie wächst weniger in Wäldern als auf freiem Gelände, und in den Savannen Südargentiniens kann man sie in Gruppen stehen sehen. Die Butiapalme ist leicht mit anderen Palmengattungen zu verwechseln. Zudem wurden einige Arten früher der Gattung *Cocos* zugeordnet. Die Gattung und auch die meisten ihrer Arten hat der italienische Palmenspezialist Odoardo Beccari (1843–1920) beschrieben.

Butia capitata **heißt auch Geleepalme, weil sich ihre Früchte zu Gelee verarbeiten lassen.**

Gestalt: Die Fiederblätter der Butiapalme hängen bogig herab. Ihre einzelnen, meist graugrünen Fieder sind relativ schmal. Die über 150 Einzelblättchen einer Krone stehen meist zu zweit oder zu dritt an den Blattstielen. Der Blütenstand ist oft über 1 m lang. *Butia* trägt in der Reife essbare süße, recht große Steinfrüchte, die für die Herstellung von Gelees genutzt werden. Es ist nicht einfach, die Arten unter den *Butia*-Jungpflanzen auszumachen. Erst im Alter zeigen sich die artspezifischen Unterschiede.

Pflege: Die Butiapalme kann im Zimmer bis zu 2 m hoch werden, wenn man sie entsprechend pflegt. Die Ansprüche dieser Palmengattung sind denen der Zwergpalme *(Chamaerops)* vergleichbar. *Butia* benötigt nicht so viel Wärme wie andere Palmen aus den Tropen. Im Sommer braucht sie aber viel Wasser und alle 14 Tage eine Düngergabe sowie einen sonnigen Standort. Im Winter muss sie bei Temperaturen um 10 °C stehen, weil sich sonst unweigerlich Läuse einstellen und die Palme auch ihre Widerstandskraft gegenüber anderen Krankheiten verliert. In dieser Zeit wird sehr sparsam gegossen! Sie verträgt auch noch niedrigere (frostfreie!) Temperaturen, braucht aber auch im Winter einen hellen Platz und sollte des Öfteren übersprüht werden, denn trockene Zimmerluft schädigt langfristig das Aussehen der Palme, und sie erholt sich kaum wieder.

Vermehrung: Legen Sie die Samen zum Weichen vor der Aussaat für mehrere Stunden in warmes Wasser oder brechen Sie (vorsichtig) die Schale auf, denn *Butia* keimt relativ langsam und benötigt daher Starthilfe.

Arten:

- Bei *B. capitata* sind die ledrigen Fiedern blaugrün gefärbt. Die Blattwedel sind leicht gebogen und werden bis 3 m lang. Am Stammgrund bleiben die Reste abgestorbener Blattwedel deutlich sichtbar.

Fischschwanzpalme

Caryota

Zweifellos gehört diese Fiederpalme zu den eigenartigsten Formen der großen Familie der Palmengewächse. *Caryota* kommt im tropischen Asien, in Malaysia, in Australien und in Neuguinea vor. Auch der Name »Nusspalme« ist üblich, weil *Caryota* im Griechischen »nussartig« heißt. Carl von Linné (1707–1778) beschrieb diese schnellwüchsige Gattung.

Gestalt: Als einzige Palmengattung trägt die Fischschwanzpalme doppelt gefiederte Blätter, deren Spitzen wie abgerissen aussehen. Diese mittelgroßen Palmen (sie werden maximal 10 m hoch) bilden schlanke braune Stämme, einige Arten sind mehrstämmig und erscheinen in ihrer Heimat als dichte Gruppen mit leicht überhängenden dunkelgrünen Blättern. *Caryota* blüht nur einmal. Nach der Blüte stirbt der Stamm ab. Die Palme hat dann aber bereits durch die Vielzahl perlschnurartiger, stark verzweigter Blütenstände für Nachwuchs gesorgt. Die Früchte enthalten kleine Kristalle, die bei Berührung auf der Haut ein Brennen verursachen.

Mein Rat

Die Butiapalme den Sommer über unbedingt ins Freie stellen! Aber Vorsicht, nach der lichtarmen Winterzeit erst einmal an die Frühlingssonne im lichten Schatten gewöhnen, sonst gibt es unweigerlich hässliche Brandflecken. Ich stelle meine »Freilandpalmen« anfangs immer unter die Obstbäume; erst nach etwa vier Wochen bekommen sie ihren endgültigen Sonnenplatz auf der Terrasse.

Caryota mitis ist nicht nur dekorativ, sondern liefert auch Palmzucker von besonderer Qualität.

Mein Rat

Obwohl Caryota viel Wasser benötigt, ist ein »nasser Fuß« Gift für sie. Deshalb alle zwei Tage im Untersatz oder Übertopf nachschauen, ob sich überschüssiges Wasser angesammelt hat!

Pflege: *Caryota* ist eine pflegeleichte Zimmerpalme, die bei uns aber meist nicht zur Blüte kommt, denn es dauert über 20 Jahre bis eine Fischschwanzpalme blüht. Dennoch ist sie wegen ihrer dunkelgrünen Blattmasse, ihrer Robustheit und ihrer interessanten Blattform eine beliebte Pflanze in unseren Breiten. Sie benötigt einen hellen bis halbschattigen Platz; Vorsicht bei direkter Sonneneinstrahlung! *Caryota* braucht reichlich Wasser und über Sommer jede Woche eine Gabe Flüssigdünger. Genügend hohe Luftfeuchtigkeit erreicht man, indem man sie täglich mehrmals übersprüht. Das Substrat sollte durchlässig und kalkfrei sein. Im Winter stellt man die Fischschwanzpalme kühler, 10 bis 15 °C sind völlig ausreichend.

Caryota mitis lässt sich auch im Hydrotopf recht unproblematisch im Zimmer halten, sie sollte hell, aber nicht sonnig stehen.

Vermehrung: Durch Aussaat. Frische Samen keimen ganz sicher, es dauert nur seine Zeit. horstbildende Arten wie *C. mitis* kann man auch teilen.

Arten:

- *C. mitis* ist eine kleinwüchsige Palme, die aber durch ihre Adventivsprosse für einen dichten Busch sorgt. Zumeist wird sie nicht höher als 5 m. Mit reichlich Stickstoffdünger wächst sie auch unter Zimmerbedingungen sehr rasch heran. Sie wird auch als Burmesische Fischschwanzpalme bezeichnet, denn ihre Heimat sind Burma, Java und die Philippinen.
- Die Brennpalme, *C. urens,* ist in Indien, auf Burma und in Sri Lanka zu Hause. Ihre gefiederten Blätter sind mattgrün und die Früchte rötlich-braun, sie kann 25 m hoch werden. Das Fruchtfleisch erzeugt ein Brennen auf der Haut. In ihrer Heimat ist sie als Bauholzlieferant beliebt, weil ihr Holz besonders hart und witterungsbeständig ist.

Bergpalme

Chamaedorea

In ihrer Heimat werden Bergpalmen nicht höher als etwa 6 m, manche von ihnen erreichen nur 2 m. Diese weichblättrigen Fiederpalmen siedeln als schattenliebender Unterbewuchs in warmfeuchten Bergregenwäldern. Da die meisten Arten Ausläufer bilden, wachsen sie oft in Gruppen. Die Bergpalme ist als Zimmerpflanze sehr verbreitet. Sie passt sich vorzüglich unseren Wohnraumbedingungen an, wird nicht allzu groß, findet also in beinahe jedem Raum Platz und blüht sogar im Zimmer! Dies ist fast die einzige Palmengattung, die schon bei einer Höhe von etwa 40 cm unter Wohnraumbedingungen in relativ jungen Jahren zur Blüte kommt. Die *Chamaedorea* ist auf dem amerikanischen Kontinent weit verbreitet. Man findet sie in Mexiko, Brasilien, Kolumbien, Guatemala, Costa Rica, Peru, Bolivien, Belize, Ecuador und Panama. Die Gattung wurde erstmals von dem deutschen Botaniker Karl Ludwig Willdenow (1765–1812) beschrieben.

Gestalt: Die Bergpalme bleibt zumeist klein und zierlich, obwohl es auch Vertreter gibt, die eine Höhe von 15 m erreichen. Ihre Fiederblätter sind von dunkelgrüner, mitunter auch blaugrüner Farbe. Die Blätter sind relativ weich, geteilt und glatt gerandet, die Blüten winzig klein und trotz Fülle unscheinbar. Manche Arten bilden Adventivsprosse.

Pflege: Im Zimmer benötigen Bergpalmen unbedingt einen halbschattigen bis schattigen Platz, Nordfensterlage ist optimal. Von Oktober bis Februar sollte man die Bergpalme kühler stellen, dann aber auch weniger gießen, weil sonst die Wurzeln faulen. Das restliche Jahr über oder wenn man im Winter keinen kühlen Platz hat, werden Bergpalmen regelmäßig gegossen. Auch ein gelegentliches Brausebad tut ihnen gut. Alle vier Wochen sollte man die Blätter feucht abwischen, weil Staub die Spaltöffnungen leicht verstopft und die Blätter sich krümmen. Als Substrat können Sie eine gut durchlässige handelsübliche Blumenerde verwenden. Während die

***Chamaedorea elegans*, die Zierliche Bergpalme, gehört zu den beliebtesten Zimmerpalmen.**

Mein Rat

Verblasst die Bergpalme und bekommt einen gelblichen Schimmer, ist dies ein Zeichen dafür, dass sie entweder zu sonnig steht oder dringend eine Düngergabe benötigt.

meisten Palmen kalkfreien Boden verlangen, verträgt die Bergpalme durchaus Kalk. Gedüngt wird die Bergpalme von März bis August alle zwei Wochen mit einem handelsüblichen Flüssigdünger, der weniger Superphosphat enthalten sollte. Zu viele Phosphate begünstigen bei dieser Palmengattung das Auftreten von Blattnekrosen (= abgestorbenes Blattgewebe).

Vermehrung: Die meisten Arten lassen sich wegen der starken Adventivsprossbildung teilen; andere werden durch Aussaat vermehrt. Frische Samen keimen problemlos innerhalb von ein bis drei Monaten.

Arten:

- *C. elegans*, die Zierliche Bergpalme, gehört zu den am häufigsten im Zimmer gehaltenen Arten. Sie ist in der Tat sehr zierlich und vor allem in Mexiko zu Hause, aber auch in Guatemala verbreitet. Die Fiederblätter sind dunkelgrün und bilden einen hochragenden Schopf. Sie benötigt einen feuchten Platz im Schatten, wobei sie auch etwas kühlere Standorte akzeptiert. Karl Friedrich Philipp von Martius (1794–1868) beschrieb auch diese Art. Mitunter wird die Zierliche Bergpalme unter folgenden Synonymen gehandelt: *Neanthe bella, Collinia elegans, C. deppeana, C. helleriana* und *C. humilis.*
- Auch die Metallische Bergpalme, *C. metallica*, ist in Mittelamerika zu Hause. Ihr Stamm bleibt niedrig, so dass sie einen strauchähnlichen Wuchs hat. Die Blätter sind an der Spitze eingeschnitten und stark geädert.
- *C. seifrizii* wird auch als Reed Palm oder Seifriz-Bambuspalme bezeichnet. Sie ist in Mexiko, Belize, Guatemala und Honduras zu Hause und wird etwa 3 m hoch. Sie ist horstbildend und besitzt dunkelgrüne, außerordentlich fein geteilte Fiederblätter. Wichtig sind ein schattiger Platz, ausreichende Wassergaben. Bisweilen wird sie fälschlicherweise der Art *C. erumpens* zugeordnet. Beschrieben hat sie der deutsche Palmenspezialist Karl Ewald Maximilian Burret (1883–1964). Mit der Namensnennung ehrte er den ersten Sammler William Seifriz.

Chamaedorea elegans **entwickelt sogar im Zimmer bei guter Pflege wohlriechende kleine Blütenstände.**

Zwergpalme

Chamaerops

Dies ist die einzige europäische Palme. Sie ist besonders im westlichen Mittelmeerraum verbreitet, aber auch auf Malta und in Nordafrika. Die Zwergpalme ist eine typische Fächerpalme, die meist buschig verzweigt als Strauch wächst. Sie wird nicht höher als 8 m. Die Fächer stehen steif auf kurzen Blattstielen. Die Zwergpalme besitzt Adventivsprosse und bildet lediglich im Alter einen Stamm aus. Dieser hat braune Fasern, aus denen das »vegetabilische Rosshaar« gewonnen wird, das man als Polstermaterial benutzen kann. Carl von Linné (1707–1778) zeichnete für die Namensgebung dieser Palmengattung verantwortlich. Linné war es auch, der die Ansicht vertrat, dass nur dann eine Frucht gebildet werde, wenn Blütenstaub auf die Narbe des Fruchtblattes gelangt. Um diese Lehre zu erhärten und zu unterstützen, ließ sich der damalige Direktor des Botanischen Gartens zu Berlin, Johann Gottlieb Gleditsch (1714–1786), von einer in Dresden blühenden männlichen Zwergpalme 1749 Blütenstaub schicken und brachte diesen auf die Narben des gerade blühenden Berliner Exemplars. Wie viele Palmen ist die Zwergpalme zweihäusig, das heißt, die Blüten eines Exemplars enthalten entweder nur Staubblätter oder nur Fruchtblätter. Obwohl der Blütenstaub neun Tage unterwegs war, gelang das Experiment, und Gottlieb Gleditsch erntete 1750 eine Anzahl Samen, aus denen er dann elf Pflanzen heranzog. Die Zwergpalme des Berliner Botanischen Gartens war berühmt; sie hatte schon im 18. Jahrhundert eine Höhe von 4 m erreicht. Zwergpalmen tragen an ihren Stielen Dornen.

Zwergpalmen sind unkompliziert und gedeihen auch in kühlen Räumen.

Pflege: Die Zwergpalme ist eine denkbar unkomplizierte Pflanze. Sie ist ideal für kühle

Mein Rat

Ich habe die Erfahrung gemacht, dass Zwergpalmen in Keramik, Ton oder Holzgefäßen wesentlich besser gedeihen als in Plastiktöpfen. Deshalb sollte man die Zwergpalme ruhig umsetzen, ohne dabei den Wurzelballen zu beschädigen.

Chamaerops humilis ist ideal für unsere Gärten, da ihr niedrige Temperaturen kurzzeitig überhaupt nichts ausmachen.

Räume, für den Sitzplatz im Freien, für Balkon, Terrasse oder Vorgarten. Sie kann in der prallen Sonne stehen – sollte allerdings nach den Wintermonaten erst an die Sonne gewöhnt werden –, nimmt aber auch schattige Plätze nicht übel. Die Zwergpalme benötigt Lehmerde, die etwas mit Sand vermischt wurde. Bei Stickstoffmangel werden ihre Blätter gelblich. Deshalb sollte man im Sommer jede Woche einen Volldünger verabreichen.

Im Winter vertragen *Chamaerops* Temperaturen um die Frostgrenze. Wichtig ist nur, dass sie fast vollkommen trocken stehen. Man kann sie sogar in einem dunklen Raum überwintern. Sie erholen sich in den ersten Wochen des Frühjahrs wieder. Muss sie im warmen Zimmer stehen, bekommt sie schwache »geile« Triebe und mit Sicherheit Läuse.

Vermehrung: Die Aussaat gelingt auch relativ einfach in der Wohnung.

Art:

- *C. humilis* wird auch »Palmito« genannt. Sie ist eine der dekorativsten Terrassen- und Gartenpalmen gemäßigter Breiten und außergewöhnlich widerstandsfähig. Sie verträgt ebenso Sonne wie auch kalkhaltigen Boden. Ihre Fächer stehen steif von der Pflanze ab und trotzen selbst starken Winden. Carl von Linné (1707–1778) ist für die Erforschung dieser Art verantwortlich.

Goldfruchtpalme

Chrysalidocarpus

Man kommt ins Schwärmen, wenn man eine Goldfruchtpalme sieht – mir jedenfalls geht es so. Sie hat elegant geschwungene Blattfiedern, die leicht überhängen. Ihr schlanker Stamm und die Blattstiele sind golden überhaucht. In ihrer Heimat auf Madagaskar und den umliegenden Inseln ist sie überall anzutreffen, ob in Küstenwäldern, im Gebirge oder auf offenem Gelände. Die Goldfruchtpalme ist in den Tropen ein weit verbreiteter Garten- und Parkbaum und wurde von dem deutschen Palmenspezialisten Hermann Wendland (1825–1903) beschrieben.

Gestalt: *Chrysalidocarpus* wächst in Gruppen, da aus einem Rhizom mehrere Pflanzen entspringen. Auch im Zimmer sind mehrere Pflanzen pro Topf nicht nur attraktiver, sondern auch wüchsiger. Bei uns kann sie eine Höhe von etwa 2 m erreichen, in ihrer Heimat wird sie 15 m hoch. Ihre eleganten Fiederblätter biegen sich als lockerer Schopf.

Pflege: Die Goldfruchtpalme benötigt einen warmen und sehr hellen, aber auf keinen Fall sonnigen Platz. Wegen ihres hohen Bedarfs an Luftfeuchtigkeit sollte man sie – besonders bei Heizungsluft im Winter – täglich besprühen. Die Temperatur darf niemals extrem schwanken, sonst reagiert die Pflanze mit dem Gelbwerden der Blätter. Kühlere Temperaturen werden auch vertragen, wenn man sie dann entsprechend wenig gießt. Steht die Goldfruchtpalme ganzjährig warm, so kann man durchaus etwas Wasser im Übertopf lassen. Doch sobald sie gelbe Blätter bekommt, ist das ein Zeichen dafür, dass die Bodenwärme nicht ausreicht, und man muss für einen trockenen Fuß sorgen.

Vermehrung: *Chrysalidocarpus* wird durch Aussaat vermehrt.

Art:

- In der modernen Nomenklatur wird *C. lutescens* als einzige Art aufgeführt. In ihrer Heimat als Butterfly Palm und Madagascar Palm genannt, ist sie auch bei uns im Handel erhältlich und weit verbreitet. Hier sollte es sich immer um Anzuchten aus dem Gartenbau handeln, denn die Art steht nach dem Washingtoner Artenschutzabkommen von 1975 unter Schutz und darf nicht dem Heimatstandort entnommen werden.

Mein Rat

Beim Lüften im Winter decke ich meine Goldfruchtpalme immer mit einem Pappkarton ab, weil ich die Erfahrung gemacht habe, dass ihr diese plötzlich einbrechende Kaltluft schadet.

Chrysalidocarpus lutescens entwickelt im Alter an sonnigen Standorten ihren goldigen Schimmer.

Coccothrinax-Palme

Coccothrinax

Diese interessante Fächerpalme ist in Haiti und in der Dominikanischen Republik zu Hause, wächst aber mittlerweile auch auf Kuba. Sie verträgt ohne Probleme das windreiche warme Küstenklima dieser Regionen.

Coccothrinax argenta **wird auch Florida-Silberpalme genannt. Sie blüht schon recht jung.**

Auch an den Boden stellt sie keine besonderen Ansprüche, wächst mitunter sogar auf kalkhaltigen und felsigem Grund. Ihre Entdeckung und Beschreibung verdankt die Gattung dem amerikanischen Botaniker Charles Sprague Sargent (1841–1927).

Gestalt: Der unbewehrte Stamm wird um die 10 m hoch. An ihm befinden sich dicht miteinander verwobene faserige Blattscheiden. Die großen fächerförmigen Blätter sind tief eingeschnitten und relativ starr. Die Krone ist licht.

Pflege: Das Substrat für die *Coccothrinax* sollte durchlässig sein. Sie braucht ausreichend Wasser, der Topfballen darf niemals austrocknen. Da sie den ganzen Sommer über an einen sonnigen Standort im Freien stehen kann, ist sie eine geeignete Kübelpflanze. Eine Gabe von einem kalkhaltigen Dünger in der Hauptwachstumszeit tut ihr gut. Die Palme wächst relativ langsam. Im Winter steht sie am besten hell und relativ trocken bei Temperaturen um 10 °C.

Vermehrung: *Coccothrinax* wird durch Aussaat vermehrt. Der frische Samen keimt innerhalb von fünf Monaten.

Art:

- *C. argentea*, auch unter dem Namen Hispaniola- oder Florida-Silberpalme bekannt, ist die einzige Art, die die moderne Nomenklatur aufführt. Sie ist auf Hispaniola heimisch, speziell in Haiti. Ihre Blätter sind oberseits dunkelgrün und unterseits silberfarben.
- *C. crinita*, was so viel wie langhaarig heißt, weist wirklich einen außergewöhnlich stark behaarten Stamm auf.

Kokospalme

Cocos

Diese jungen Pflanzen von *Cocos nucifera* werden unter Zimmerbedingungen wohl kaum die herrlichen Kokosnüsse liefern, dennoch sind sie auch als junge Pflanzen sehr beliebt.

Trotz der Bekanntheit der Kokospalme ist nicht auszumachen, wo ihre eigentliche Heimat liegt. Vermutlich stammt sie aus Südostasien oder von den Inseln des Stillen Ozeans. Heute jedenfalls wächst sie an allen tropischen Meeresküsten. Erwiesen ist, dass eine Kokosnuss etwa 5000 km im salzigen Meerwasser treiben kann, ohne ihre Keimfähigkeit zu verlieren. Wird sie ans Ufer gespült, beginnt sie dort als sogenannte Pionierpflanze zu wachsen, zumal sie salzhaltigen Boden ausgesprochen gut verträgt. Beschrieben wurde diese herrliche Palme von Carl von Linné (1707–1778).

Gestalt: Ihre breiten Fieder stehen anfangs aufrecht und enden dann in einem eleganten Schwung. Sie kann in hundert Jahren bis zu 30 m hoch werden. Der schlanke braune Stamm endet in einem Schopf mit etwa 20 bis 30 Fiedern, die dann bis zu 6 m erreichen. Die Kokospalme ist nicht nur die Nutzpflanze der Tropen schlechthin, sondern hat sich auch als Zierpflanze einen Platz erobert.

Pflege: Als Zimmerpflanze eignet sie sich vor allem für den Wintergarten oder das geschlossene Blumenfenster, da sie außerordentlich hohe Luftfeuchtigkeit benötigt. Die Kokospalme ist wärmeliebend und benötigt einen hellen Platz, wobei direkte Sonne zu vermeiden ist, da sie bei uns als empfindliche Jungpflanze steht, die mit Sicherheit unter Gewächshausbedingungen herangezogen wurde.

Im Winter sind 18 °C ausreichend. Kann man ihr diese Bedingungen nicht bieten, sollte man

Mein Rat

Im Winter leiden die meisten Kokospalmen unter der trockenen Heizungsluft im Zimmer. Ich stülpe aus diesem Grunde eine riesige durchsichtige Folientüte über die gesamte Pflanze, um ein gewisses Mikroklima zu schaffen. Die Tüte habe ich zuvor etwas durchlöchert, um Fäulnis zu vermeiden.

sich keine Kokospalme anschaffen, da sie sofort mit hässlichen Flecken und Kümmerwuchs reagiert. Im Sommer sollte man sie täglich mehrmals besprühen und auch reichlich gießen. Alle 14 Tage benötigt sie eine Düngergabe.

Vermehrung: *Cocos* wird durch Aussaat vermehrt; der Samen keimt etwa nach einem halben Jahr.

Art:

- *C. nucifera* ist nicht nur eine Zierpalme, sondern vor allem eine Nutzpflanze. Besonders Kopra, das getrocknete Samenfruchtfleisch, ist einer der Gründe, warum die Kokospalme in Plantagen angebaut wird. Früher wurden zur Gattung Cocos noch viele Arten gerechnet, die jetzt zur Gattung *Butia* gehören.

Dreieckspalme

Dypsis

Völlig zu Unrecht ist diese Palme als Zimmerpflanze selten geworden, denn sie ist äußerst attraktiv und faszinierend. Die auch Triangle Palm genannte *Dypsis* ist auf Madagaskar beheimatet. Dort wächst sie in mittelfeuchten, lichten Wäldern und wird etwa 6 m groß. Mit der Beschreibung der Gattung *Dypsis* beschäftigten sich gleich zwei berühmte Pflanzenforscher, zum einen der spanische Arzt und Botaniker Francisco Noroña (1748 bis 1788) und später der deutsche Botaniker Carl Friedrich Wilhelm von Martius (1794–1868).

Gestalt: Ihre sehr langen und dunkelgrünen Fiederblätter stehen aufrecht in dreikantiger Anordnung um den unten verdickten Stamm. Das Faszinierende an diesem Äußeren wird durch einen weißlichen Belag auf Stamm und Fiedern unterstrichen. Mitunter sind die Blätter in drei Ebenen angeordnet.

Pflege: *Dypsis* ist im Zimmer relativ problemlos zu halten, nur wird sie bei uns nicht so groß. Vermeiden Sie extreme Temperaturschwankungen. Auch verträgt die Palme keine Zugluft. Sie möchte einen ständig

Die Wedel der Dreieckspalme *Dypsis decaryi* wachsen in nur drei Richtungen, so entsteht der Eindruck eines dreieckigen Stamms.

feuchten Wurzelballen, lockere Erde und sollte in den Monaten Mai bis August alle zwei Wochen gedüngt werden. Häufiges Abbrausen tut ihr gut. Steht sie zu warm und vor allem lufttrocken, so stellen sich leicht Spinnmilben ein. Man erkennt sie an zarten Spinnweben in den Blattachseln.

Vermehrung: Durch Aussaat; frische Samen keimen problemlos innerhalb von nur acht Wochen.

Art:

- In der offiziellen Nomenklatur wird nur die Art *D. decaryi* mit dreieckigem Stamm genannt. Nach dem Washingtoner Artenschutzübereinkommen von 1975 steht *D. decaryi* unter besonderem Schutz.

Nach vier Jahren entwickeln sich die ölhaltigen Früchte von *Elaeis guineensis*, am meisten Öl steckt im Fruchtfleisch.

Ölpalme

Elaeis

Die Gattung *Elaeis* erinnert an die Kokospalme und wird wie diese in vielen tropischen Ländern vor allem als Nutzpflanze angebaut. Wie die Kokospalme liefert auch sie ein Öl, aus dem Margarine, Seifen und Kosmetika hergestellt werden. Benannt hat die Gattung der Österreicher Nicolaus Joseph von Jacquin (1727–1814), der vier Jahre Westindien und Südamerika bereiste. Ölpalmen kommen sowohl auf dem amerikanischen als auch auf dem afrikanischen Kontinent vor.

Gestalt: Die Ölpalme wächst nur mit einem Stamm, sie besitzt keinen Kronenschaft. Dennoch sind ihre prächtigen aufragenden Fiederblätter von großer Attraktivität. *Elaeis* brauchen viel Platz zum Gedeihen. Deshalb sind sie auch nicht in den dichten Wäldern zu finden, sondern immer am Rand von Flüssen, in Sümpfen oder feuchten Wiesen.

Pflege: An das Substrat stellt die Ölpalme kaum Ansprüche, benötigt aber viel Licht – als Jungpflanze dennoch vor zu praller Sonne schützen! Auch sollte sie reichlich gegossen werden und stets in einem mit Wasser gefüllten Untersatz stehen. Hier ist natürlich wie stets zu bedenken, dass die Ölpalme einen warmen Platz braucht. Sinken die Temperaturen einmal unter 18 °C, darf sie nicht so nass stehen – Fäulnis wäre unweigerlich die Folge. In Wintergärten und Blumenfenstern, die ein feuchtwarmes Klima bieten, gedeiht die Ölpalme auch in unseren Breiten. Sie benötigt nur eine hohe Luftfeuchtigkeit.

Vermehrung: Durch Aussaat, der Samen braucht drei bis fünf Monate zum Keimen. Empfehlenswert ist es, den Samen vor der Aussaat aufzubrechen. Auch Vorquellen in warmem Wasser begünstigt sein Auflaufen.

Arten:

- Von der *Elaeis* gibt es zwei Arten: *E. guineensis* ist die Afrikanische Ölpalme, da sie im tropischen West- und Ostafrika beheimatet ist. Der Stamm wird 20 m hoch, die Fiederblätter erreichen bis 5 m. Sie wird als Nutzpflanze in Afrika plantagenmäßig angebaut. Bereits nach vier Jahren kommen die ersten Früchte. Aus den Samenkernen und dem Fruchtfleisch wird hochwertiges Öl gewonnen. Die früher gebräuchliche Art *E. melanococca* ging in diese Art auf.
- *E. oleifera* ist die Amerikanische Ölpalme und vor allem im tropischen Südamerika zu Hause. Sie ist wesentlich kleiner als die afrikanische Art und besitzt auch nicht deren enorme wirtschaftliche Bedeutung.

Mein Rat

Da die Ölpalme mit ihren Wurzeln tief nach unten drängt, sollte man sie unbedingt, will man lange Zeit Freude an ihr haben, in einen sogenannten Palmentopf setzen, der etwas höher als herkömmliche Pflanzgefäße ist.

Erdpalme

Geonoma

Wenngleich diese Palme oft als Liebhaberpflanze gehandelt wird, ist sie wegen ihres grazilen Wuchses doch eine sehr beliebte Palme und daher der Erwähnung wert.

Vom südlichen Mexiko über Brasilien bis nach Bolivien reicht die Verbreitung dieser Fiederpalme, die aktuelle Nomenklatur zählt 64 Arten. Der deutsche Botaniker Karl Ludwig Willdenow (1765–1812) beschrieb die Gattung *Geonoma.* Er war übrigens ab 1810 Direktor des Botanischen Gartens Berlin.

Gestalt: Ihr schlanker Stamm ist ein Merkmal dieser Gattung, vielfach wächst sie stammlos als buschiger Strauch im lichten Schatten großer Bäume. Die Wedel sind sehr elegant, entweder ganz oder fiederspaltig geteilt. Die Blattstiele sind nicht bestachelt, die Fiedern sind einspitzig. Die Blüten von *Geonoma* erscheinen in Triaden.

Die Waika-Indianer in Südamerika deckten mit den Erdpalmenblättern ihre Rundhäuser zum Schutz vor dem tropischen Regen ab.

Pflege: Die Erdpalme gedeiht gut in beheizten Zimmern, da sie nicht so hohe Luftfeuchtigkeit benötigt, sie braucht also nicht besprüht zu werden.

Am besten steht sie im lichten Schatten anderer Pflanzen, also im Zimmerinneren. Denn direkte Sonneneinstrahlung mag sie gar nicht. Auch Zugluft ist zu vermeiden. Besonders im Winter sollte man die Palme abdecken, bevor

man das Fenster zum Lüften öffnet. Nachts die Temperatur niemals unter 12 °C absinken lassen, auch im Winter nicht.
Als Substrat verwendet man am besten ein Gemisch aus Lehm mit etwas Sand und Lauberde. Auch die handelsübliche Palmenspezialerde ist geeignet.
Vermehrung: *Geonoma* kann durch Samen vermehrt werden. Allerdings muss man etwa drei Monate Geduld haben, bis sich die ersten Keimlinge zeigen. Einfacher geht es durch das Abtrennen und Neueinpflanzen der Ausläufer, die sich bei gesunden Pflanzen reichlich bilden.
Arten:

- *G. brongniartii* ist eine der vielen Palmen, die der berühmte deutsche Palmenspezialist Carl Friedrich Philipp von Martius aus Erlangen (1794–1868) beschrieb. Der Direktor des Botanischen Gartens München und Professor der Botanik an der Universität München veröffentlichte 1843 seine Erkenntnisse über diese Palme.
- *G. cuneata* stammt aus Brasilien, sie wurde von dem deutschen Gärtner und Botaniker Hermann Wendland (1825–1903) beschrieben.
- *G. maxima* stammt ebenfalls aus Brasilien. Ihre Beschreibung stammt von dem Botaniker Andrew James Hend (geb. 1950), der 1995 eine aktualisierte Beschreibung vorlegte.
- *G. pauciflora* ist eine zierliche Palme, die zur Horstbildung neigt. Sie bevorzugt einen schattigen bis halbschattigen Platz und muss immer feucht gehalten werden. Der Palmenspezialist Carl Friedrich Philipp von Martius aus Erlangen (1794–1868) beschrieb diese Palmenart bereits 1823.
- Aus dem tropischen Brasilien kommt die Art *G. pohliana*. Sie wurde ebenfalls von Carl Friedrich Philipp von Martius (1794–1868) beschrieben. Ihr Wuchs ist strauchartig und buschig. Sie verbreitet sich als Unterwuchs im Schatten der großen Urwaldriesen.
- Die früher eigene Art *G. spixiana* wird heute als eine Varietät von *G. maxima* geführt.

Mein Rat

Am wohlsten fühlt sich die Erdpalme, wenn sie in einem mit Wasser gefüllten Untersatz oder Übertopf steht, vorausgesetzt, sie hat es warm.

Geonema epetiolate ist eine seltene, in Costa Rica endemische Erdpalme.

Kentiapalme

Howea **(fälschlich** *Howeia)*

Um die Jahrhundertwende war *Howea* eine ausgesprochene Modepalme und hat an Beliebtheit bis heute nichts eingebüßt. Und das mit Recht, denn kaum eine Palme gedeiht im Zimmer so problemlos und ist zugleich von so großer Eleganz wie diese. Besonders dann, wenn sich im Topf mehrere Pflanzen befinden. Die Kentiapalme stammt von Lord Howe Island, östlich von Australien. Sie wird auch Curly Palm oder Sentry Palm genannt. Der italienische Palmenspezialist Odoardo Beccari (1843–1920) beschrieb diese Gattung.

Howea forsteriana **ist die ideale Zimmerpalme für schattige Räume.**

Gestalt: Ältere Pflanzen werden in ihrer Heimat schöne 12 m hohe Bäume. Ihre dichten Fiedern sind breit und die Ränder ungezähnt, so dass sie insgesamt fast wie eine Fächerpalme wirkt. Sie ist aber eine Fiederpalme, deren Wedel mit elegantem Schwung nach außen neigen. Die Stämme sind glatt und schlank. Ihre Färbung ist intensiv dunkelgrün, nur junge Triebe sind hellgrün.

Pflege: Diese Palme ist auch deshalb so beliebt, weil sie fast die einzige Palme ist, der trockene Zimmerluft gar nichts ausmacht und die nicht mit braunen Blattspitzen reagiert, wie sonst fast alle Palmen. Außerdem verträgt sie absoluten Schatten. Sonne schadet ihr sogar, sie reagiert sofort mit hässlichen braungelben Brandflecken.

Vermehrung: Die *Howea* lässt sich schwer aussäen, da ihr Samen rasch seine Keimfähig keit verliert. Früher wurde er deshalb in geleeartiger Masse in Gläsern importiert. Heute bemüht man sich um die Meristemenvermehrung im Reagenzglas.

Arten:

- *H. belmoreana* wurde nach dem Gouverneur von Neusüdwales, dem Earl of Belmore, benannt. Sie bildet einen mehrere Meter hohen dünnen Stamm. Die Wedelstiele sind kurz und etwas rötlich gefärbt. Die Wedel werden bis zu 2 m lang, wachsen aufsteigend und neigen sich dann

Eine Kentiapalme möchte einen Platz für sich allein, damit ihre Eleganz zur Wirkung kommt.

sanft nach außen. Die belmoreanische Kentia besitzt einen grazilen Wuchs. Sie verträgt auch Trockenheit, besonders empfindlich gegenüber Staunässe; dann fault sie leicht.

- *H. forsteriana* erhielt ihren Namen zu Ehren des Senators von Südwales, William Forster. Sie hat einen kräftigeren Stamm und ist schnellwüchsiger als die andere Art. Im fortgeschrittenen Alter verträgt die Forster'sche Kentia sogar Sonne.

Mein Rat

Beim Kauf einer *Howea* immer darauf achten, dass der Austrieb nicht bräunlich, sondern stets grün gefärbt ist. Bei Fäulnis im Wurzelbereich wird nämlich zuerst der Stamm in Mitleidenschaft gezogen. Es kann Wochen dauern, ehe man den Schaden an den Blättern bemerkt. Dann ist die Palme allerdings nicht mehr zu retten. Da stets mehrere im Topf sind, sollte man die Pflanze mit dem braunen Stamm gleich herausnehmen, falls man diese Anzeichen von Wurzelfäule bemerkt.

Flaschenpalme

Hyophorbe

Wer eine *Hyophorbe* besitzt, kann sich glücklich schätzen, gehört sie wohl zu den skurrilsten Vertretern der Familie der Palmengewächse. In der Literatur sind sie auch unter dem Namen Futterpalmen zu finden, weil ihre Früchte als Viehfutter dienten. Daher leitet sich auch der botanische Name ab: *Hyophorbe*, aus dem Griechischen (*hyos*= Schwein und *phorbe*= Futter). Die Flaschenpalme kommt auf Mauritius und den anderen Maskarenen-Inseln vor. Die Wildbestände von *Hyophorbe* sind vom Aussterben bedroht, die Gattung gehört zu den geschützten Pflanzen. Doch

Die Flaschenpalme *Hyophorbe lagenicaulis* ist als Zier- und Gartenpalme in den Tropen weit verbreitet.

inzwischen wird sie glücklicherweise in verschiedenen tropischen Regionen kultiviert. Beschrieben und benannt hat diese Gattung der deutsche Arzt und Botaniker Joseph Gärtner (1732–1791) aus Baden Württemberg. Früher war sie auch unter dem Namen *Mascarena* bekannt.

Gestalt: Die Palme besitzt einen hellen flaschenförmigen Stamm, an dessen Ende sich eine Krone aus ungewöhnlich breiten Wedeln mit kräftigen dunkelgrünen Fiedern befindet. Die Blattspitze erscheint leicht verdreht. Der Stamm ist nicht bestachelt. Unter den Blättern erscheinen die Blüten, nicht wie sonst bei vielen Palmen in Triaden, sondern in vier bis neun Spathen (Hüllblätter). Ihre Früchte sind Beeren.

Pflege: *Hyophorbe* braucht stets einen warmen Platz, auch im Winter. Sie wächst sehr langsam, ist aber äußerst dekorativ. Auch im Winter sollte die Temperatur nicht unter 18 °C absinken. Sie kann hell bis sonnig stehen, nur die jungen Pflanzen vertragen noch keine Sonne. Regelmäßiges Gießen ist wichtig. Im Alter übersteht die Pflanze Trockenzeiten außerordentlich gut. Auch kann sie über den Sommer im Halbschatten im Freien stehen. Es ist nur darauf zu achten, dass die Wurzeln keiner stauenden Nässe ausgesetzt werden. Das Substrat der Pflanze sollte daher durchlässig sein. Flaschenpalmen lassen sich im Kübel jahrelang mit Erfolg halten. Bei trockener Zimmerluft sollte man die Blätter jedoch öfters absprühen.

Vermehrung: Die Pflanzen lassen sich durch Aussaat vermehren, frisches Saatgut keimt nach zwei bis sechs Monaten. Aber es gehört viel Geduld dazu, denn die gesamte Zeit muss das Substrat leicht feucht sein, ohne zu vernässen. Die Temperatur darf dabei nicht unter 20 °C absinken.

Arten:

- *H. langenicaulis* ist die typische und echte Flaschenpalme *(langenicaulis* = mit flaschenartigen Stamm), weil sie im Alter einen herrlichen Stamm von hellgrauer

Farbe entwickelt, der ähnlich einer Flasche unten dick ist und sich nach oben verjüngt. Unter der Krone ist er geradezu dünn. Die dunkelgrünen Fiederblätter bilden an ihrer Spitze eine leichte Drehung. Sie gedeiht hervorragend in den Küstenregionen ihrer Heimat. Ihre heutige wissenschaftliche Beschreibung verdankt diese Art dem amerikanischen Botaniker Harold Emery Moore (1917–1980), der sich dabei auf die Vorarbeiten seines Landsmannes, des Botanikers und Professors für Gartenbau Liberty Hyde Bailey (1858–1954), stützen konnte. Nach ihm wurde das berühmte L. H. Bailey Hortorium in Ithaca, New York, benannt, an dem auch Moore lange tätig war.

- *H. verschaffeltii* wird auch als Spindelpalme bezeichnet, weil ihr Stamm in der Mitte spindelförmig verdickt ist und sich am unteren und oberen Ende verjüngt. Die Krone besteht aus sechs bis zehn Fiederblättern. Die Wedel dieser Art sind zierlich gebogen, die Stiele etwas rötlich gefärbt. Ihren Namen erhielt sie zu Ehren des belgischen Gärtners Ambroise C. A. Verschaffelt (1825–1886), der eine berühmte Gärtnerei besaß. Diese führte eine Vielzahl von Pflanzen aus aller Welt ein und sorgte für ihre Verbreitung. Auffällig sind an den orangenfarbenen Blüten die hohen Spathen. Die Blüten strömen einen starken Duft aus. Von den beiden Arten ist zweifellos diese die robustere, sie verträgt auch einige kühlere Tage. Diese Art ist besonders gut für die Kultur im warmen und hellen, aber nicht sonnigen Zimmer geeignet.

Lataniapalme

Latania

Auf den Maskarenen leben diese robusten schönen Fächerpalmen in einem durch Passatwinde abgemilderten Tropenklima. Bedauerlicherweise wurde *Latania* an ihren Heimatstandorten in der Vergangenheit sehr stark

Die Blaue Lataniapalme *(Latania loddigesii)* hat breite Blattsegmente, die in kleinen Dornenspitzen enden.

Mein Rat

Beim Umtopfen handelsüblicher Erde unbedingt etwas Sand beimischen.

abgeholzt. Alle Arten sind heute in den Tropen beliebte Zierpflanzen für Parks und Gärten. Der französische Arzt und Naturwissenschaftler Philibert Commerson (1727–1773) beschrieb diese Gattung.

Gestalt: Die attraktive Lataniapalme wird fast 10 m groß. Ihre einzelnen Arten unterscheidet man in der Ausfärbung der Blätter. Diese sitzen an langen Stielen. Die Fächer, die fast 3 m Breite erreichen, sind auf ein Drittel eingeschnitten.

Pflege: *Latania* braucht einen sonnigen Platz und ein durchlässiges Substrat. Um die Luftfeuchtigkeit zu erhöhen, sollte sie öfter besprüht werden. Optimale Bedingungen herrschen für diese äußerst attraktive Fächerpalme im Wintergarten oder in der Vitrine. Im Sommer ist reichlich zu gießen, im Winter bei Wärme ebenfalls; nur bei kühlerem Standort das Gießen unbedingt drosseln.

Vermehrung: Die Samen keimen bereits nach zwei Monaten.

Arten:

- *L. loddigesii* stammt von den maskarenischen Inseln und ist sehr anpassungsfähig. Von klein auf verträgt sie Sonne und benötigt ein leichtes Substrat mit guter Wasserführung. Ihre blaugrünen Fächerblätter stehen steif in der Krone ab. Im Alter bildet sie einen schlanken Stamm.

Strahlenpalme

Licuala

Die Strahlenpalme stammt aus dem tropischen Ostasien, wo sie zumeist im Unterwuchs des tropischen Regenwaldes auf feuchten und warmen Böden wächst. Benannt wurde diese wunderschöne Fächerpalme von dem schwedischen Botaniker Carl Peter Thunberg (1743–1828), einem Schüler und Nachfolger Linnés.

Gestalt: Die Palme wird nicht sehr hoch. Die sehr dekorativen breiten Fächer sind fast kreisrund, schwach gezähnt und fast nicht eingekerbt. Mitunter weisen einige Arten Blattsegmente auf, wodurch das Blatt wie abgeschnitten wirkt. Der Stamm bleibt sehr schlank. Die Blätter sind von leuchtend grüner Farbe.

Pflege: *Licuala* ist die ideale Palme für schattige, feuchtwarme Gewächshäuser, große Vitrinen und Wintergärten. Nur unter diesen Bedingungen wächst und gedeiht sie so, dass Sie sich an ihrer Schönheit erfreuen können. Auch nachts und im Winter darf die Temperatur nicht unter 18 °C absinken. Die Strahlenpalme benötigt ein durchlässiges, nährstoffreiches, stets feuchtes Substrat.

Licuala lässt sich auch im Hydrotopf kultivieren. Allerdings müssen Sie in diesem Fall für Fußwärme sorgen.

Vermehrung: Durch Aussaat; der Samen keimt aber mitunter erst im Laufe eines Jahres. Das Aussaatsubstrat immer feucht und warm halten!

Die fast runden ungeteilten Fächer der *Licuala grandis* machen diese Palme so attraktiv. Aus den Fächern werden auch Sonnenhüte gefertigt.

Arten:

- *L. grandis* ist die bekannteste Art. Der etwa ein Meter lange Wedelstiel ist teilweise bedornt. Diese Art hat kaum eingeschnittene, fast meterbreite Blätter und wird deshalb auch Großblättrige Strahlenpalme genannt. *L. grandis* wird etwa 1,5 m hoch und bildet Horste. Sie ist auf Java heimisch.

Schirmpalme

Livistona

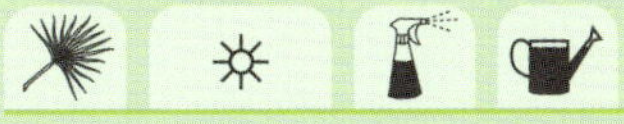

Dies ist die Fächerpalme schlechthin. Sie stammt aus Südostasien, Malaysia, Australien und Neuguinea. Beschrieben wurde diese schöne Gattung von dem englischen Botaniker Robert Brown (1773–1858). In Australien ist die Schirmpalme weit verbreitet.

Gestalt: *Livistona* besitzt einen harmonischen Aufbau. Schon als junge Pflanze zeigt sie ihre äußerlichen Vorzüge. Die Fächer entfalten sich zu herrlicher Breite und befinden sich an meist langen Stielen. Die Blätter sind leuchtend grün und entwickeln mitunter lange Endfasern.

Pflege: *Livistona* hat sich bei uns als Zimmerpflanze bewährt, da diese robuste Fächerpalme auch unter Wohnraumbedingungen recht alt werden kann. Die Schirmpalme wächst relativ rasch; bei guter Pflege bildet sie jährlich drei neue Fächer. Das ist für eine Palme unter diesen Bedingungen schon recht viel. Sie möchte einen hellen Platz bei mäßigen Temperaturen, es reichen 14–18 °C. Dann allerdings sollte sie weniger gegossen werden. Steht sie warm, braucht sie wegen der riesigen Verdunstungsfläche natürlich reichlich Wasser. Im Sommer sollte alle 14 Tage eine Volldüngergabe verabreicht werden; bei Nährstoffmangel werden die Blätter hell.

Vermehrung: Durch Aussaat ist es leicht, *Livistona* zu vermehren. Bereits nach vier Wochen können sich die ersten Keimlinge zeigen.

Arten:

- *L. australis* wird auch als Australische Schirmpalme bezeichnet. Dies ist eine besonders widerstandsfähige und robuste Art. Sie ist in den feuchten Regenwäldern von Südostaustralien beheimatet und möchte daher auch im Zimmer öfter einmal ein Brausebad oder gelegentliches Besprühen

Livistona chinensis verträgt sogar Halbschatten und gedeiht gut unter Zimmerbedingungen.

Mein Rat

Ich stelle die *Livistona* im Sommer immer ins Freie und nehme auch in Kauf, dass ihre Wedel manchmal etwas einknicken, wenn es gar zu stürmisch ist. So habe ich niemals Probleme mit Schädlingen und Krankheiten, weil sie abgehärtet und gekräftigt in den Winter geht.

der Blätter. Die breiten Blätter sind dunkelgrün und glänzend.

- *L. chinensis* hat leicht überhängende Fächerblätter. Die Blätter sind von frisch grüner, leicht ins Gelbliche gehender Färbung. Die Chinesische Schirmpalme ist sehr robust und anpassungsfähig.

Kokospälmchen

Lytocaryum

Dies ist wohl die zierlichste und zarteste Palme überhaupt. Sie stammt aus dem tropischen Brasilien. Beschrieben wurde diese schöne Fiederpalme von Hermann Wendland (1825–1903).

Gestalt: *Lytocaryum* ist eine grazile Fiederpalme, die höchstens 1,5 m hoch wird. Der Stamm erreicht nur eine Dicke von 3 cm. Die zierlichen Wedel können 1 m lang werden und beugen sich in sanftem Schwung. Gleichmäßig in Paaren sitzen die Fiederblättchen an beiden Seiten der Mittelrippe. Auf der Unterseite sind die Fiedern grauweiß angelaufen.

Pflege: Wenngleich dieses elegante Pälmchen sich seinen Platz als Zimmerpflanze längst erobert hat, so ist seine Pflege doch nicht ganz unproblematisch. Das ganze Jahr über möchte die Palme einen warmen Standort, allerdings ohne direkte Sonne. Sie benötigt hohe Luftfeuchtigkeit. Man sollte das Kokospälmchen daher täglich mehrmals übersprühen. Bei Temperaturen ab 18 °C stelle man die Palme in ein wassergefülltes Gefäß auf einen umgedrehten Untersatz, um ihr durch das Verdunsten eine hohe Luftfeuchtigkeit zu bieten. Auch sollte man Zugluft unbedingt vermeiden. Beim Umtopfen ist besondere Vorsicht angesagt: Keine Wurzel darf beschädigt werden. *Lytocaryum* ist die ideale Palme für das geschlossene Blumenfenster.

Vermehrung: Durch Aussaat; der Samen kann schon in vier Wochen keimen, es kann aber auch bis zu sieben Monaten dauern.

Art:

- *L. weddellianum* wächst relativ langsam, deshalb wird sie über Jahre hinaus die kleinste Palme Ihrer Sammlung bleiben. Größere Solitärpflanzen sind im Handel erhältlich, aber entsprechend teuer.

Lytocarum weddelianum **ist ganz bezaubernd, allerdings etwas heikel in der Pflege. Extreme Schwankungen verträgt sie nämlich gar nicht.**

Dattelpalme

Phoenix

Die Dattelpalme ist wohl die bekannteste Zimmerpalme überhaupt. Zudem lässt sie sich überaus leicht heranziehen – sogar aus den kandierten Dattelfrüchten kann man keimfähigen Samen gewinnen. Alle Dattelpalmen sind Fiederpalmen, die in vielen Regionen unserer Erde heimisch sind: In Afrika wie auf den Philippinen, auf Kreta, in Indonesien, im Nahen Osten und in Südostasien, sogar in den tropischen Regionen Mittel- und Südamerikas sowie in Indien und auf Madagaskar gibt es *Phoenix*. Im Laufe von Jahrhunderten haben sich auch Hybriden herausgebildet, deshalb ist die Unterscheidung der einzelnen Arten besonders für Laien recht schwierig. »Phoenix« wurde diese Palme schon von dem griechischen Philosophen und Naturforscher Theophrastus (um 371–287 v. Chr.) genannt, wahrscheinlich nach Phönizien, wo die Griechen diese Palme zum ersten Mal sahen. Kein Geringerer als der große Nestor der Pflanzensystematik, Carl von Linné (1707–1778), beschrieb diese bekannte Palmengattung.

Phoenix canariensis ist den Sommer über für einen Platz im Freien durchaus dankbar. Sie schmückt auch jede Terrasse und jeden Sitzplatz.

Gestalt: *Phoenix* umfasst sowohl einzelstämmige als auch horstbildende Vertreter. Manche Arten werden riesig groß, bis zu 40 m, andere bleiben eher niedrig und werden nur wenige Meter hoch. Im Allgemeinen haben die Arten dichte Blattkronen mit langen, aufrechten und sich neigenden Fiedern. Die Frucht ist eine Beere, die bei *P. dactylifera* eine große wirtschaftliche Bedeutung hat.

Pflege: Die meisten Dattelpalmen sind als Zimmerpflanzen leicht zu halten, da sie äußerst robust sind. Man sollte sich eine Faustregel über die Dattelpalme merken: Sie benötigt einen feuchten Fuß und einen sonnigen Kopf. Das ist im Prinzip die ganze Pflege. Allerdings darf man die Wirkung der Temperatur, der sie ausgesetzt ist, nicht vergessen. Feuchter Wurzelballen bei Kühle führt unweigerlich zu Schäden. Im Winter sollte man sie etwas kühler stellen, da sich bei trockener

Heizungsluft sonst leicht Spinnmilben ausbreiten. Dann natürlich weniger gießen, aber der Ballen darf niemals gänzlich austrocknen. Von April bis August kann man der Palme jede Woche eine Düngerlösung verabreichen. Auch stelle ich meine Dattelpalmen (bis auf *P. roebelenii)* grundsätzlich den ganzen Sommer über ins Freie. Die frische Luft und die Sonne bekommen ihnen ausnehmend gut, sie gehen gekräftigt in den Winter, und niemals habe ich irgendwelche Schädlinge an meinen Palmen. Allerdings gewöhne ich sie im Frühjahr erst einmal an die frische Luft und an die Sonne, ehe ich sie an ihren endgültigen Platz stelle. Dann halten sie der prallen Sonne ohne Probleme stand. Auch starke Regengüsse und Stürme machen der *Phoenix* nichts aus, wenn sie sich »umgewöhnt« hat. Selbst niedrigere Temperaturen über kurze Zeit übersteht sie in der Regel problemlos.
Als dekorative Palme, die auch im Zimmer sehr groß werden kann, ist sie besonders für große Räume geeignet. Ihre Wedel werden bei den meisten Arten breit und raumgreifend. Daher sollte man sie allein stellen und ihr viel Platz einräumen.
Vermehrung: Die Dattelpalme ist eine der wenigen Palmengattungen, bei der die Aussaat auf dem Fensterbrett relativ rasch und sicher gelingt. Während die meisten Samen von Palmen fast sechs Monate brauchen, ehe sie zum Keimen kommen und ihre Keimfähigkeit rasch nachlässt, kann man eine Dattelpalme auch noch nach Jahren aus dem Kern vermehren. Bereits nach zwei Monaten (das ist für Palmen rasch!) zeigt sich ein nadelfeiner hellgrüner Keim.

Mein Rat

Um die jungen Pflanzen vor direkter Mittagssonne zu schützen, bedecke ich sie mit einem Bogen Seidenpapier. Ich mache ihn mit Tesafilm an den Fiedern fest. Aber wenn man Gardinen oder Rollos hat, genügt es, diese herunterzuziehen.

Arten:

- *P. canariensis* ist dichtbeblättert und sehr anpassungsfähig. Sie wird auch die Kanarische Dattelpalme genannt. Im Jugendstadium wächst sie buschig, und ihre Fiedern reichen bis zum Stammgrund. Erst im Alter entwickelt sie einen dicken Stamm. Dann sehen diese Palmen aber besonders schön aus. Man kann sie auf den Kanarischen Inseln wild wachsend in großer Zahl finden. Die Blätter sind weicher als die der Echten Dattelpalme *(P. dactylifera)*. Die Fiedern der Kanarischen Dattelpalme sind anfangs starr aufgerichtet und neigen sich erst nach vollständiger Entwicklung der Wedel. Ihre Früchte sind nicht essbar. Sie braucht im Sommer unbedingt einen Platz im Freien.
- *P. dactylifera* ist für Nordafrika und die arabischen Länder als »Echte Dattelpalme« von großer wirtschaftlicher Bedeutung. Heute ist sie auch in Nordamerika und anderen Ländern mit trockenwarmen Klima als Kulturpflanze zu finden. Sie bildet einen schlanken Stamm, der bis zu 35 m hoch wird. Die Blätter sind schlank und nicht so dicht und kompakt wie bei ande-

ren Dattelpalmen. Nahezu alle Teile dieser Pflanze werden genutzt. Die Früchte enthalten etwa 60 % Zucker!

- *P. roebelenii* ist eine attraktive Palme. Ihr Habitus und ihre Blätter sind zierlich und fein. Deshalb wird diese aus Laos stammende Art auch Zwergdattelpalme genannt. Allerdings ist sie auch etwas problematischer in der Pflege als andere *Phoenix*-Arten. Diese buschige Palme bildet mehrere Stämme und wird meist nicht höher als 2 m. Die zarten Fiedern wachsen überhängend. Die jungen Triebe sind von einem grauen Reif überzogen. Diese Dattelpalme gehört im Sommer nicht ins Freie! Der Ballen sollte nicht austrocknen und alle drei Wochen kann man ihr im Sommer einen Dünger verabreichen.
- *P. theophrastii* ist auf Kreta und im Süden der Türkei heimisch und wächst dort auf

Etwas empfindlich ist die Zierliche Dattelpalme *(Phoenix roebelenii)*. Sie ist ein Stubenhocker und will umhegt und umsorgt werden.

felsigen Berghängen in kleinen Kolonien. Die Theophrastus-Palme ist allerdings sehr widerstandsfähig, hat durch die starren Fiedern ein robustes Äußeres und kommt im Winter mit 10 °C aus – allerdings muss man dann auch weniger gießen! Im Sommer sollte man diese Palme unbedingt ins Freie stellen, damit sie kräftig bleibt. Sie verträgt durchaus kühlere Sommertage, ohne Schaden zu nehmen.

Steckenpalme

Rhapis

Diese strauchartige Palme aus dem Süden Chinas kann man hören! Die Blätter verursachen beim Berühren ein trockenes metallenes Geräusch. Schon vor über 200 Jahren wurde diese Gattung nach Europa eingeführt und in Gärtnereien weiterkultiviert.
Der schwedische Botaniker Carl von Linné (1741–1783), Sohn des berühmten gleichnamigen Begründers der binären Nomenklatur, beschrieb diese Palmengattung, wobei er sich auf das Werk des englischen Gärtners William Aiton (1731–1793) stützen konnte.
Gestalt: *Rhapis* bildet Horste und ihre rohrartigen schlanken Stämmchen wirken oftmals wie eingewickelt, da an ihnen noch zahlreiche braune Fasern haften. Die dunkelgrünen Blätter sind fächerförmig und meist bis zum Blattstiel tief eingeschnitten. Die *Rhapis* hat schlanke Stämme, die auch als Ruten oder Schirmständer verarbeitet wurden. Daher heißt sie auch Rutenpalme oder Ladypalme. Sie wächst buschig und bildet verhältnismäßig kleine Fächer.
Sie gehört zu den Zwergpalmen, die sich auch leicht in Wintergärten oder anderen Wohnbereichen halten lassen. Im Sommer kann man sie ohne Probleme unter einen Schatten spendenden Baum ins Freie stellen.
Pflege: Die Steckenpalme ist eine sehr unproblematische und leicht zu haltende Fächerpalme. Als eine der beliebtesten Zimmerpalmen überhaupt benötigt *Rhapis* einen schattigen Platz, durchlässiges Substrat, etwas Dünger und regelmäßiges Gießen. Allerdings darf die Palme keinen nassen Fuß bekommen. Die Steckenpalme kann auch kühl stehen, im Winter sind 10 °C ausreichend. Sie verträgt sogar trockene Zimmerluft. Vor Zugluft ist sie allerdings zu schützen. Im Sommer kann man sie an einen schattigen Platz ins Freie stellen.
Die Steckenpalme eignet sich auch für die Hydrokultur, nur muss man beim Umstellen wirklich alle Erde herausspülen, weil sonst mit Fäulnis zu rechnen ist.
Vermehrung: Durch Teilung, aber auch durch

Mein Rat

Alte Palmwedel erst dann von der Pflanze abschneiden, wenn sie wirklich ganz vertrocknet sind, weil sonst die Pflanzen geschädigt werden. Palmen sind keine Schnittgehölze!

Rhapis excelsa **mag überhaupt keine Sonne, denn dann werden die Blätter gelblich und hell.**

Aussaat. Der frische Samen keimt innerhalb von drei Monaten.

Arten:

- *R. excelsa* ist vielstämmig, und ihre Blätter sitzen am gesamten Stamm. Dadurch wirken ihre Horste wie undurchdringliche Dickichte. Die Blätter sind hellgrün und je nach Lichtverhältnissen und Nährstoffgaben intensiv. Die früher eigenständige Art *R. flabelliformis* wird heute zu *R. excelsa* gerechnet. *R. excelsa* wird auch die Hohe Steckenpalme genannt.
- *R. humilis* ist die niedrige Steckenpalme. Sie wächst etwas gedrungen und ist dunkelgrün. Auch sie bildet dichte Horste. Ihre Blätter sind glänzend und starr. Auch Lady Palm genannt, ist sie eine äußerst robuste Zimmer- und Kübelpflanze.

Nikaupalme

Rhopalostylis

Eine besonders schöne Fiederpalme ist die Nikaupalme, die auf den Norfolk-Inseln, in Neuseeland und Australien verbreitet ist und dort bis 10 m hoch wird. Anfangs wurde die *Rhopalostylis* der Gattung *Howea* zugeordnet. Beschrieben und benannt wurde diese Gattung von den beiden Palmspezialisten Hermann Wendland (1825–1903) und Carl Georg Oskar Drude (1852–1933).

Gestalt: Die Wedel bilden am Ende des Stammes eine schräg nach oben gerichtete Krone. Sie sind gleichmäßig gefiedert. Die Fiedern haben unterseits einen grauen Belag, das ist artspezifisch und hat nichts mit einem eventuellen Schädlingsbefall zu tun. Die Ringe an dem glatten grünen Stamm dieser mittelhohen Palme stammen von den Blattnarben.

Pflege: Nikaupalmen brauchen einen hellen bis halbschattigen Platz. Das Substrat sollte nährstoffreich und ständig feucht sein. Der Ballen darf niemals austrocknen! Besprühen Sie die Pflanzen, um die Luftfeuchtigkeit in Blattnähe zu erhöhen! Über den Sommer kann man die Palme sogar ins Freie an einen geschützten und schattigen Platz stellen, ältere Exemplare vertragen auch volle Sonne.
Im Winter sollte man für kühlere Temperaturen sorgen und dann auch weniger gießen.
Stellen Sie diese Palme in einen mit Wasser gefüllten Untersatz oder Übertopf!
Vermehrung: Die Nikaupalme wird durch Aussaat vermehrt. Die Keimung erfolgt in ein bis drei Monaten.
Arten:

- *R. baueri* ist die Norfolkpalme, da sie von den Norfolkinseln stammt. Sie ist eine robuste Erscheinung mit kräftigem Stamm und verdicktem Kronenschaft. Bei jungen Pflanzen sind die Blätter rötlich gefärbt. Sie ist relativ pflegeleicht, allerdings sollte sie vor Wind geschützt stehen, wenn man sie im Sommer ins Freie bringt, da sonst ihre Blätter leicht einreißen können. Sie benötigt einen schattigen und feuchten Standort. Ihren Namen erhielt diese Art zu Ehren von Franz Andreas Bauer (1758 bis 1840), einem bedeutenden österreichischen Künstler, der seit 1788 in England tätig war und hervorragende botanische Illustrationen schuf.
- *R. sapida,* die Nikaupalme, ist in Neuseeland zu Hause. Der Stamm ist geringelt, die Blätter ragen steif nach oben, nur die schmalen Fieder haben einen zurückgebogenen Rand. Ihre Blätter dienten den Ureinwohnern zum Hüttenbau, die Palmherzen als Gemüse und die jungen Blütenstände als Delikatesse. Die ausgereiften Früchte werden außerordentlich hart.
Ihren Namen erhielt sie wegen ihrer schmackhaften Blütenstände, denn *sapidus* kommt aus dem Lateinischen und bedeutet schmackhaft. Die Nikaupalme verträgt sogar kurzzeitig leichte Minusgrade. allerdings nur, wenn sie vollkommen trocken steht.
Der Artname *R. sapida* stammt von dem Schweden Carl Solander (1733 bis 1782). Er stützte sich dabei auf die Arbeiten des deutschen Naturwissenschaftlers Georg Forster (1754 bis 1794). Aktualisiert und vervollständigt wurden die Beschreibungen dieser Art von den beiden Palmenspezialisten Hermann Wendland (1825 bis 1903) und Carl Georg Oskar Drude (1852 bis 1933).

Rhopalostylis baueri wird auch Staubwedelpalme genannt. Sie ist auf den Norfolk-Inseln beheimatet.

Sabalpalme

Sabal

Von dieser mächtigen stammbildenden Fächerpalme gibt es viele Arten, von denen aber nur zwei bei uns als Zimmerpflanzen verbreitet sind. Die Sabalpalme ist auf dem amerikanischen Kontinent zu Hause. Benannt wurde die Gattung von dem französischen Botaniker Michel Adanson (1727–1806).

Sabal minor **besitzt einen unterirdischen Stamm, so dass die Wedelkrone meist auf der Erdoberfläche sitzt.**

Gestalt: Sabalpalmen sind einstämmig und bilden einen starken, grauen, unbewehrten Stamm, der mitunter unterirdisch wächst. Die Blätter sind große grüne Wedel, die in einer Krone zusammenstehen.

Pflege: Im Zimmer bleiben *Sabal*, relativ klein. Sie benötigen einen sonnigen Platz und ausreichend Feuchtigkeit, vertragen trockene Zimmerluft aber recht gut. Im Winter muss diese Palme einen kühlen Platz um 15 °C haben. Ist es in der Wohnung zu warm, sollte man sie im Treppenhaus aufstellen. Allerdings verträgt die Palme keine Zugluft.

Vermehrung: Durch Aussaat; der Samen keimt sehr unterschiedlich, und die Keimlinge wachsen langsam.

Arten:

- *S. minor* ist die kleinste unter den Sabalpalmen und wird daher auch Dwarf Palmetto genannt. Der Stamm ist unterirdisch, so dass es den Anschein hat, als wüchse sie ohne Stamm – nur ihre an Stielen befindlichen Wedel ragen aus der Erde. Sie ist in den nordamerikanischen Wäldern zu Hause. Die Blätter sind steif abstehend. Die früher dazugerechnete Art *S. adansonii* gehört heute zu *S. minor*.
- *S. palmetto*, die Palmettopalme, ist wohl die robusteste und auch anpassungsfähigste Art. Sie ist daher auch weit verbreitet und gedeiht sogar in Sandböden, aber ebenso in feuchten Niederungen. Sie kann bis zu 25 m erreichen. Ihre Blätter sind mehr breit als lang und werden fast 2 m breit.

Romanzoffianische Kokospalme

Syagrus

Diese Fiederpalme ist in Brasilien zu Hause. Dort kann sie bis 10 m hoch werden. Früher wurde sie der Gattung *Cocos* zugeordnet. Der deutsche Botaniker Carl Friedrich Wilhelm von Martius (1794–1868) beschrieb die Gattung.

Gestalt: Diese Fiederpalme entwickelt einen schlanken Stamm. Die Fiederbüschel stehen beiderseits der Mittelrippe des Wedels und biegen sich in der Mitte nach unten. Diese Eigenart ist sehr dekorativ.

Pflege: Im Sommer kann *Syagrus* an einem sonnigen Platz im Freien stehen. Auch im Zimmer benötigt die Palme einen hellen Standort. Temperaturen um 18 °C sind für sie ausreichend, im Winter reichen sogar 10 bis 12 °C, dann allerdings sehr sparsam gießen.

Im Sommer möchte *Syagrus* öfters regelrecht abgeduscht werden und benötigt reichlich Feuchtigkeit. Das Substrat sollte nährstoffreich und wasserdurchlässig sein. Man braucht diese Palme nicht jedes Jahr umzutopfen, lediglich die oberste Erdschicht wird ausgetauscht.

Vermehrung: *Syagrus* wird durch Aussaat vermehrt, es dauert etwa zwei Monate, bis die ersten Keimlinge zu sehen sind.

Arten:

- *S. romanzoffiana* wurde von dem Dichter und Botaniker Adalbert von Chamisso (1781–1838) beschrieben. Er benannte sie nach dem russischen Fürsten M. P. Romanzoff, den Chamisso sehr verehrte. Dies ist die bekannteste Art.
- Weitere Arten sind *S. coronata,* die Uricuripalme aus dem tropischen Südamerika und *S. semidecidua.*

Mein Rat

Bevor man die Palme im Frühsommer vollständig ins Freie bringt, sollte man sie erst einmal stundenweise an die volle Sonne gewöhnen.

Die Fieder von *Syagrus* wachsen leicht überhängend. Der Stamm ist für Palmen auffallend glatt.

Thrinaxpalme, Schilfpalme

Thrinax

Eine Palme der Karibik ist die *Thrinax*, die von dem schwedischen Botaniker Olof Peter Swartz (1760–1818) beschrieben wurde. Sie ist in Mexiko und auf den karibischen Inseln verbreitet. Besonders auf Kuba und auf Jamaika kann man die schlanke Fächerpalme sehen.

Gestalt: Diese Fächerpalme entwickelt einen unbewehrten, schlanken Stamm. Ihre großen Wedel sind mitunter kreisrund und werden teils sehr groß. Die unteren Wedel der in mehreren Ebenen eingeteilten Krone sind leicht gebeugt.

Pflege: Auf kalkreichen Böden, die gut wasserdurchlässig sein müssen, gedeiht diese Palme sehr gut. In ihrer Heimat ist sie in den Höhenlagen verbreitet und verträgt auch volle Sonne. Als Zimmerpflanze hat sich die Art *T. radiata* durchgesetzt. Im Sommer kann diese Palme im Freien stehen. Das Substrat sollte aus Gartenerde vermischt mit etwas Sand hergestellt werden.

Vermehrung: Durch Aussaat; frische Samen keimen nach ein bis drei Monaten.

Arten:

- *T. radiata* wächst an den Küsten. Staunässe verträgt sie nicht. Die frühere Art *T. floridana* wurde ihr zugeordnet.

Thrinax radiata lässt sich relativ einfach kultivieren, sie braucht kalkhaltiges Substrat.

Hanfpalme

Trachycarpus

Diese widerstandsfähige, schöne Fächerpalme ist in Asien zu Hause, man findet sie vom Himalaja im nördlichen Indien über das nördliche Thailand bis nach China. Auch in den Mittelmeerländern wird sie ausgepflanzt und übersteht den Winter ohne Probleme. Benannt wurde sie von dem Palmenspezialisten Hermann Wendland (1825–1903).

Gestalt: Die Hanfpalme ist eine stabile Fächerpalme mit knorrigem Stamm und etwas starren Blättern. Sie kann über 10 m hoch werden. Der Stamm ist mit den Fasern der

Trachycarpus fortunei braucht nicht jedes Jahr neu umgetopft zu werden, einfach nur die oberste Substratschicht auswechseln.

Mein Rat

Erst gießen, wenn die Erde völlig trocken ist. Überschüssiges Wasser aus dem Untersatz oder Übertopf entfernen.

abgestorbenen Blattscheiden und nach oben gerichteten Blattansatzresten bedeckt.
Pflege: Die Hanfpalme ist sehr widerstandsfähig und sollte im Sommer unbedingt im Freien stehen. Dennoch muss man sie, bevor sie ihren Sommerplatz bezieht, erst an die Sonne gewöhnen. Im Winter bevorzugt die Hanfpalme einen kühlen und trockenen Standort; es reicht ein heller, frostfreier Überwinterungsplatz. Von Mai bis August sollte die Pflanze jede Woche eine Düngerlösung mit Flüssigdünger erhalten. Auch darf man in den Sommermonaten das Gießen nicht vergessen. Günstig ist, wenn die Hanfpalme in etwas lehmhaltigem Substrat steht. Dieses kann man nachträglich beifügen – aber natürlich ohne die Wurzeln zu beschädigen. Ich topfe diese Palme nicht jedes Jahr um, weil es ihr nicht bekommt, wenn sie in ihrem Wachstum gestört wird. Aber jedes Frühjahr lockere ich die oberste Bodenschicht und gebe frische Erde dazu.
Vermehrung: Durch Aussaat; die Samen keimen innerhalb von drei Monaten. Wichtig ist es, die Erde ständig feucht und warm zu halten.
Art:

- *T. fortunei* wird als einzige Art in der modernen Pflanzensystematik aufgeführt. Die oft im Handel geführte Art *T. excelsus* ist in *T. fortunei* aufgegangen.

Wallichiapalme

Wallichia

Diese interessante Fiederpalme wurde von dem schottischen Botaniker und Arzt William Roxburgh (1751–1815) beschrieben. Sie stammt aus dem subtropischen Himalaja, aus Indien, Burma, Südchina und Thailand und wird auch Wallichiapalme genannt.

Wallichia densiflora ähnelt ein wenig der Gattung Caryota, wenn sie auch nicht die abgerissenen Blattränder hat.

Gestalt: Die Gattung umfasst Arten, die klein bleiben, und andere, die groß und einzelstämmig werden. Die zwergigen, oft als Unterwuchs in den Wäldern verbreiteten Arten sind in der Überzahl. Die sattgrünen Wedel tragen flossenähnliche Fieder, die an *Caryota* erinnern. Die Blattunterseiten sind weißlich angehaucht.

Pflege: Die Wallichiapalme stellt als Topfpflanze keine großen Ansprüche, so dass sie gut im Zimmer gehalten werden kann. Sie wächst rasch, wenn sie im Halbschatten steht und die Temperatur nicht unter 12 °C absinkt.

Mein Rat

Eine ältere Wallichiapalme muss – wie übrigens die meisten Palmen – nicht jedes Jahr umgetopft werden. Lediglich die oberste Bodenschicht wechsle ich jährlich aus.

Als Zimmerpflanze ist die Art *W. densiflora* verbreitet. Da sie stets ein nährstoffreiches Substrat verlangt, ist es günstig, wenn man der Erde etwas Lehm beimischt.

Vermehrung: Durch Aussaat; allerdings kann es fast ein Jahr dauern, bis sich der erste Keimling zeigt. Horstbildende Arten können auch geteilt werden.

Arten:

- *W. densiflora* besitzt fast aufrechte Wedel und verträgt auch etwas kühlere Temperaturen. Diese Wallichiapalme ähnelt in ihrem Wuchs einem großen buschigen Farn. Ihre Wedel können über 3 m lang werden.

Priesterpalme

Washingtonia

Die Priesterpalme ist eine herrliche, schnellwüchsige Fächerpalme aus Arizona, Mexiko und Kalifornien. Benannt wurde sie von Hermann Wendland (1825–1903). Früher wurde sie der Gattung *Pritchardia* zugeordnet. Erst 1879 führte der Palmenspezialist die *Washingtonia* als eigenständige Gattung mit zwei Arten ein.

Gestalt: *Washingtonia* besitzt außerordentlich breite Fächer, die am Stamm etwas herunterhängen. Die zierenden langen Randfasern entstehen bei der Entfaltung der Blätter. In ihrer Heimat wird die Priesterpalme etwa 20 m hoch. Wegen ihrer außerordentlichen Attraktivität findet man sie in tropischen und

subtropischen Regionen auch in Parks, Alleen und Gärten. Bei uns hat sie sich als Zimmer- und Kübelpflanze für große Räume etabliert.
Pflege: Im Zimmer ist es der Palme mitunter nicht luftig genug, auch benötigt sie hohe Luftfeuchtigkeit. Man kann sie im Sommer getrost ins Freie stellen, sollte aber anfangs einen halbschattigen Platz wählen. Die Priesterpalme benötigt viel Feuchtigkeit und alle zwei Wochen eine Düngergabe. Auch sollte sie alle ein bis zwei Jahre umgetopft werden.
Vermehrung: Aussaat; der Samen keimt nach ein bis zwei Monaten.
Arten:

- *W. filifera* hat besonders lang herabhängende weiße Fasern an und zwischen den Blattsegmenten. Die Blattstiele sind am Rande bedornt. Sie wird deshalb auch die Fädige Washingtonie genannt. Ihr Stamm ist grau, und ihre überhängenden Fächerblätter sind graugrün. Sie ist in Nordamerika zu Hause.
- *W. robusta* kommt aus Mexiko, wo diese kompakte Palme 25 m hoch werden kann. Fäden an den Blättern gibt es nur bei sehr jungen Pflanzen. Sie wächst rascher als die *W. filifera*. Ihr Stamm ist am Grunde dicker, und die Blätter sind leuchtend grün.

Mein Rat

Sollten die Blätter einmal gelb werden, so kann man *Washingtonia* getrost radikal zurückschneiden, ohne allerdings das »Herz« zu verletzen. Sie treibt in wenigen Wochen wieder durch.

Washingtonia robusta **wird auch als Petticoat-Palme bezeichnet. Sie hat leuchtend grüne Blätter und rötlich angehauchte Blattstiele.**

Washingtonia filifera**, die Fädige Washingtonia, besitzt einen säulenförmigen Stamm. Ihre Blätter sind graugrün und besitzen lange, feine Fasern.**

Palmen, die keine sind

Palmfarn

Cycas

Wegen ihres palmenähnlichen Äußeren werden sie oft fälschlicherweise zu den Palmen gezählt, doch sind die Palmfarne weder Farne noch Palmen, sondern gehören zu einer ganz eigenständigen Pflanzenfamilie, den Cycadeen. Es war Carl von Linné (1707–1778), der diese reizvollen und interessanten Pflanzen aus Südostasien, Australien und Japan als Palmfarne bezeichnete. Die Geschichte der Palmenfarngewächse reicht über 200 Millionen Jahre zurück, es gab sie schon im Mesozoikum.

Cycas revoluta ist mit seinen ausgeprägten starken Wedeln eine äußerst dekorative Pflanze, die sich auch unter Zimmerbedingungen sehr wohl fühlt.

Gestalt: Die langen dunkelgrünen Wedel mit sehr gleichmäßig gegenüberstehenden Fiedern bilden einen Kranz um den anfangs an eine Ananas erinnernden knollenähnlichen Stamm. Im sanften Schwung beugen sich die sehr gleichmäßigen Fiedern nach außen. Nur alle ein bis zwei Jahre bildet sich ein neuer Kranz, wobei abwechselnd Laubblätter und Fruchtblätter (an der eingerollten Spitze erkennbar) entstehen. Die Wedel können etwa 50 cm bis über 1 m lang werden.

Pflege: Wenngleich größere Exemplare von *Cycas revoluta* recht kostspielig sind, so lohnt sich diese Anschaffung auf jeden Fall. Denn hier paart sich Dekorativität mit Robustheit wie bei kaum einer anderen Pflanze. Die Blätter schützen sich vor zu starker Verdunstung durch eine Wachsschicht. Daher verträgt die *Cycas* zimmertrockene Luft und Sonne sehr gut. Sie gedeiht ohne Probleme, jedoch behagt ihr ein halbschattiger Platz mehr. Als Substrat eignet sich normale Blumenerde. Im Winter kann *Cycas* kühler (um 15 °C) stehen, sie darf dann allerdings nur wenig gegossen werden. Im Sommer braucht sie regelmäßig Wasser, jedoch keine Staunässe.

Vermehrung: *Cycas* lässt sich aus Samen vermehren.

Arten:

- *C. revoluta* ist die bekannteste Art. Sie ist im Süden Japans heimisch und gehört heute den geschützten Pflanzen unserer Erde.

Übrigens: *Cycas* ist in allen seinen Pflanzenteilen giftig. Bei einigen Arten ist das Gift so stark, dass man frische Samen zu Rattengift verarbeitet.

Cyperus sollte immer in einem mit Wasser gefüllten Übertopf stehen. Die dichten dekorativen Blattwirbel bekommen so keine braunen Spitzen.

Wasserpalme, Zypergras

Cyperus

Dem Namen nach tritt diese allbekannte Pflanze auch als Palme auf, hat jedoch nichts mit der Familie der Palmengewächse gemein. Die Wasserpalme ist weit verbreitet und sehr beliebt, weil sie ausgesprochen attraktiv und zugleich sehr anspruchslos ist.

Cyperus gehört zur Familie der Riedgräser (Cyperaceae) und ist praktisch überall in den Sumpf- und Uferregionen der Tropen, der Subtropen und der gemäßigten Klimazonen der Erde verbreitet.

Gestalt: Die Blätterkrone steht auf schlanken Halmen oft hoch über den schwertförmig zugespitzten Grundblättern.

Pflege: Ein absonniger Platz, im Winter nicht unter 10 °C, und viel, viel Wasser im Untersatz oder im Übertopf – das reicht schon, um einen *Cyperus* zum Wachsen zu bringen. Über Sommer kann man ein bis zweimal etwas Dünger hinzufügen.

Vermehrung: Zum einen kann man *Cyperus* durch Teilung großer Pflanzen, durch Aussaat oder auch durch Kopfstecklinge vermehren. Die Blattwirbel einfach mit ca. 5 cm Stängel abschneiden, die Blätter etwas einkürzen und alles kopfüber ins wassergefüllte Glas stellen.

Arten:

- *C. alternatifolius* besitzt wechselständige Blätter und kann über einen Meter hoch werden. Die Triebe neigen sich nicht, sondern ragen steif in die Höhe. Die Blätter werden bis 25 cm lang.
- *C. papyrus* ist die »Papierpflanze«, die schon von den alten Ägyptern zur Papierherstellung genutzt wurde. Dieser *Cyperus* erreicht eine Höhe von über zwei Metern.

Zamie

Zamia

Eine interessante Pflanze aus der Familie der Zamiagewächse (Zamiaceae), die oft mit einer Palme verwechselt wird, ist *Zamia*. Sie ist auf dem amerikanischen Kontinent weit verbreitet, sehr viele Arten gibt es auf Kuba. Aus der Fülle von Arten, ist nur *Z. pumila* als Zimmerpflanze gebräuchlich. Diese Gattung wurde von dem berühmten schwedischen Pflanzenforscher Carl von Linné (1707–1778) beschrieben.

Gestalt: Die *Zamia* besitzt eine Stammknolle und sattgrüne kräftige Wedel, an denen die ledrigen Fiederblätter grundständig oder wechselständig sitzen. Ihre Unterseite ist oft rau, ihre Oberseite glänzend dunkelgrün. Sie haben eine dicke Wachsschicht auf der Außenhaut und eingesenkte Spaltöffnungen. Auf diese Weise überstehen sie auch längere Trockenperioden ohne Probleme.

Pflege: *Zamia* benötigt als Substrat eine wasserdurchlässige, normale Blumenerde. Sie sollte einen hellen Platz bekommen. Aber auch im Halbschatten gedeiht sie noch prächtig. Im Winter kann sie ruhig etwas kühler stehen, dann aber sehr wenig gießen. Überhaupt mag sie stauende Nässe gar nicht. Das sollte man bedenken, wenn man sie den Sommer über ins Freie bringt. Regengüsse sind für ein gutes Wachstum nicht förderlich. Auch sollte man sie nicht sofort der Sonne aussetzen, sondern erst schattig stellen.

Zamia besitzt eine Stammknolle, die oft der Grund dafür ist, dass sie mit eine *Cycas* verwechselt wird.

Vermehrung: Durch Aussaat lässt sich *Zamia* gut vermehren, wenn man geduldig ist. Denn es dauert Wochen, bis sich die ersten Keimlinge zeigen. In dieser Zeit muss die Saatschale stets mäßig feucht und bei einer Bodentemperatur von ca. 25 °C gehalten werden.

Arten:

- *Z. furfuracea* ist in Mexiko heimisch. Ihre Blätter sind tiefdunkelgrün. Ihre Wedel stehen nicht so starr wie bei anderen Arten, sondern biegen sich leicht nach außen. Im Jahr 1789 beschrieb der berühmte schwedische Pflanzenforscher Carl von Linné (1707–1778) diese Art.
- *Z. pumila* wurde ebenfalls von Linné be-

schrieben, sie ist bei uns als Zimmerpflanze voll etabliert. In Westindien und Florida findet man *Z. pumila*.

Zamioculcas

Zamioculcas

Nein, diese Pflanze ist nicht mit der *Zamia* verwandt, denn *Zamioculcas* gehört zur Familie der Aronstabgewächse (Araceae). Sie stammt auch nicht vom amerikanischen Kontinent, sondern aus Ostafrika, auch auf den Inseln Sansibar und Réunion gibt es sie. Die Gattung wurde von Heinrich Wilhelm Schott (1794 bis 1865) aus Brünn beschrieben.

Gestalt: Die bei den Aronstabgewächsen sehr seltenen Fiederblätter sind das Schönste an ihr. Im Unterschied zur *Zamia* bildet sie keine Knolle, sondern wächst wie eine Staude mit ihren Stängeln aus dem Erdreich. Ihre eirunden Blätter sind außerordentlich attraktiv mit ihrem dunkelgrünen lackartigen Aussehen. Die weißen Blütenstände erscheinen unter Zimmerbedingungen relativ selten und lassen die Familienzugehörigkeit erkennen.

Pflege: *Zamioculcas* möchte einen hellen Platz, ohne jedoch der vollen Sonne ausgesetzt zu werden. Sie sollte auch warm stehen und dann regelmäßig gegossen werden. Kurze Trockenperioden übersteht sie ohne Probleme. Steht sie längere Zeit trocken, wirft sie einige Fiederblätter ab. Im Winter darf sparsam gegossen werden, wenn sie etwas kühler (um 18 °C) steht. Als Substrat reicht eine normale Blumenerde.

Vermehrung: Durch Blattstecklinge kann man *Zamioculcas* vermehren, wenn man sie in feuchte Erde steckt und bei 20 bis 25 °C hält.

Art:

- *Z. zamiifolia* ist die einzige in der modernen Nomenklatur beschriebene Art. Sie ist in Ostafrika heimisch und wurde von dem in England tätigen niederländischen Gärtner Conrad Loddiges (1738–1826) erstmals beschrieben. Der deutsche Botaniker Heinrich Engler (1844–1930) ordnete diese Art im Jahre 1905 der Gattung *Zamioculcas* zu.

An einem schattigen Standort entwickeln die Blätter von *Zamioculcas zamiifolia* ein schönes, kräftiges Grün.

Schusterpalme

Aspidistra

Als »Palme der armen Leute« wurde im vorigen Jahrhundert die Schusterpalme bezeichnet. Denn sie fühlte sich wegen ihrer außerordentlichen Anspruchslosigkeit selbst noch in dunklen Schusterwerkstätten wohl. Sie kommt aus den kühlen schattigen Gebirgswäldern Chinas und Japans. *Aspidistra* gehört zur Familie der Maiglöckchengewächse (Convallariaceae). Benannt und erstmals beschrieben hat diese Gattung der britische Botaniker John Bellenden Ker-Gawler (1764–1842).

Aspidistra lurida ist sehr robust. Ob Sonne oder Schatten, ihr ist jeder Platz recht.

Gestalt: *Aspidistra* wird meterhoch und hat grundständige breite dunkelgrüne glänzende Blätter, die ca. 80 cm lang werden können. Am schönsten ist es, wenn man die Pflanze im größeren Topf als Tuff zu mehreren in einer Gruppe halten kann.

Pflege: Bei allem, was diese Pflanze, verträgt, sei zweierlei vermieden: volle Sonne und nasser Fuß. Denn dann stellen sich unweigerlich gelbe Blätter ein und die kräftigen Wurzeln beginnen zu faulen.

Vom Frühjahr bis in den Sommer hinein sollte man *Aspidistra* etwa alle zwei Wochen eine Düngergabe verabreichen.

Vermehrung: Die Schusterpalme wird im Frühjahr durch Teilung vermehrt.

Arten:

- *A. elatior* ist die wohl bekannteste Art mit dunkelgrünen Blättern ohne Zeichnung. Sie wurde von dem deutsch-niederländischen Botaniker Carl Ludwig Blume (1796 bis 1862) beschrieben.
- *A. lurida* hat weißlich-graue unregelmäßige Flecken auf den Blättern. Sie wird oft mit der Sorte 'Milky Way' von *A. elatior* verwechselt. Benannt und erstmals beschrieben hat diese Art im Jahr 1822 der britische Botaniker John Bellenden Ker-Gawler (1764 bis 1842).

Pachypodium lameri **gehört zu den Stammsukkulenten und übersteht dadurch lange Trockenperioden gut.**

Palmlilie

Yucca

Wohl kaum eine andere Pflanze wird so hartnäckig als Palme gehandelt wie diese Gattung aus der Familie der Agavengewächse (Agavaceae). Vermutlich liegt das an dem deutlich ausgeprägten Stamm. Ihr großer Vorzug als Zimmerpflanze besteht darin, dass sie unwahrscheinlich robust ist und sich den räumlichen Bedingungen gut anpasst.
Mehr über diesen attraktiven Zimmerbaum erfahren Sie in dem Kapitel »Die schönsten Zimmerbäume« auf Seite 104.

Yucca elephantipes **ist nicht ohne Grund ein »Wunderholz«, denn ihre ganze Kraft steckt in ihrem Stamm.**

Madagaskarpalme

Pachypodium

Die Madagaskarpalme gehört zur Familie der Hundsgiftgewächse (Apocynaceae). Diese sukkulente Pflanze braucht nur wenig Wasser. Im Sommer verliert sie für kurze Zeit ihre Blätter. Sie sollte sonnig und auch im Winter warm stehen.

Die schönsten Zimmerbäume

Attraktive Solitärpflanzen, die möglichst bis zur Decke reichen, sind absolut in Mode. Und sie sorgen nicht nur optisch für Atmosphäre, sondern verbessern auch aktiv das Raumklima. Bleibt also nur noch die Frage der Auswahl. Nachfolgend einige Beispiele von schönen Zimmerbäumen.

Erklärung zu den Symbolen

Symbolleiste:
Die Symbolleiste gibt in Kurzform Auskunft über den Lichtanspruch, die Blütezeit, den Wasserbedarf und die Vermehrungsart der Pflanze.

Besonderes:
- Blütenpflanze
- Blattschmuckpflanze

Lichtansprüche:
- ☼ Sonnig
- ◑ Halbschattig
- ● Schattig

Luftfeuchte:
- niedrig
- hoch

Wasserbedarf:
- viel
- mäßig
- wenig

Zimmerahorn

Abutilon

Diese schöne Zimmer- und Kübelpflanze stammt aus den tropischen und subtropischen Gebieten Mittel- und Südamerikas. Die Gattung wurde von dem britschen Gärtner und Botaniker Philipp Miller (1691–1771) benannt und beschrieben.

Gestalt: Dieses Malvengewächs wird auch Schönmalve oder Zimmerpappel genannt. Es gibt unzählige Arten, Sorten und Hybriden. Die Blätter können hellgrün durchscheinend wie bei der Zimmerlinde sein, aber auch dunkelgrün oder gesprenkelt und gelb gefleckt. Die Blüten sind glockenförmig in den Tönen Rosa, Rot, Weiß, Gelb oder Rost, sogar zweifarbige Blüten gibt es. *Abutilon* ist eine reizende Zimmerpflanze, die man ohne große Mühe in wenigen Jahren zum meterhohen Zimmerbaum ziehen kann.

Pflege: Der Zimmerahorn benötigt im Sommer und im Winter einen halbschattigen, vor der grellen Mittagssonne geschützten Platz. Der Wurzelballen sollte immer gleichmäßig

Mein Rat

Ich habe meinen Zimmerahorn an einem Gestell aus dicken Bambusstäben hochgezogen; so wirkt er wie eine dicht blühende Wand.

Abutilon pictum **'Thrompsonii' hat nicht nur gelb gefleckte Blätter, sondern auch glockenähnliche zweifarbige Blüten.**

feucht gehalten werden. *Abutilon* blüht den ganzen Sommer über. Auch wenn man ihn häufig stutzt, um ihn zum Verzweigen anzuregen, hört er nicht mit dem Blühen auf. Im Sommer sollten Sie das Düngen (alle 14 Tage einmal) nicht vergessen. Im Herbst benötigt der Zimmerahorn dann jedoch eine Ruhepause. Er wird kühler gestellt und weniger gegossen. Wird *Abutilon* einmal trocken, so bekommt es gelbe Blätter. Dann den gesamten Topfballen tauchen und die Pflanze neu austreiben lassen. Überhaupt neigt *Abutilon* auch bei Temperaturschwankungen oder Zugluft zu leichtem Blattfall, treibt aber sofort neue Blätter.

Vermehrung: *Abutilon* ist starkwüchsig und lässt sich sehr einfach durch Triebstecklinge vermehren, die man im Glas mit Wasser oder in feuchter Erde bewurzeln lässt.

Arten:

- *A.* × *hybridum* ist sehr vielgestaltig und vielfarbig und vermutlich deshalb die am meisten im Handel angebotene Form. Hier fällt *A.* × *hybridum* 'Goldglocke' mit den gelben Blüten besonders auf. Diese Hybriden sind aus der Kreuzung von *A. darwinii* und *A. pictum* entstanden.
- *A. pictum* blüht von August bis November. Die Sorte 'Thompsonii' hat gelb gefleckte Blätter und ist auch ohne Blüten von großer Attraktivität.

Pfeilblatt

Alocasia

Von den Philippinen, aus Indonesien, Malaysia und China kommt diese wunderschöne Blattpflanze, die im Handel zumeist als junges Exemplar angeboten wird, aber bei guter Pflege durchaus die Größe eines Urwaldriesen erreichen kann. Sie gehört zur Familie der Aronstabgewächse (Araceae). Benannt wurde diese Gattung von dem österreichischen Botaniker Heinrich Wilhelm Schott (1794–1865).

Gestalt: Die Alokasie hat unterirdische knollenähnliche Rhizome, aus denen die lang gestielten riesigen Blätter hervorkommen. Ihre ovalen bis pfeilförmigen Blätter sind grün oder metallisch gefärbt und haben meist eine ausgeprägte grünlich helle, gelbliche oder strahlend weiße Nervatur, was ihren besonderen Reiz ausmacht. Die Blattunterseite ist violett angehaucht, die Blätter sind am Rand glatt oder gebuchtet.

Pflege: Diese schöne Pflanze stellt außerordentlich hohe Ansprüche an die Luftfeuchtigkeit und Temperatur. Selbst im Winter darf die Temperatur nicht über längere Zeit unter 18 °C absinken. Wer jedoch über einen beheizten und schattierbaren Wintergarten bzw. ein geschlossenes Blumenfenster oder eine Vitrine verfügt, braucht auf diese Pracht nicht zu verzichten. Vor allem für ständige warme Räume ist diese herrliche Blattschmuckpflanze eine

Alocasia sanderiana **ist eine Pflanze, die sich besonders bei hoher Luftfeuchtigkeit sehr gut entwickelt.**

Mein Rat

Alokasien wirken sehr dekorativ, wenn man sie an einem Moosstab heranzieht. Alle neuen Triebe werden mit den Stielen rundherum festgebunden. Der Moosstab sollte stets feucht gehalten werden.

ideale Anschaffung. Vor weißem Hintergrund eine Augenweide! *Alocasia* verlangt einen halbschattigen Platz im Zimmer, auch im Schatten gedeiht sie gut. Sie ist also die ideale Pflanze für das Zimmerinnere, sofern Sie ihr durch die Nähe eines Zimmerspringbrunnens, durch häufiges Besprühen oder Abbrausen ausreichend Luftfeuchtigkeit bieten. Als Substrat bevorzugt die Alokasie eine lockere und nährstoffreiche Erde, um eine gute Wasserführung zu haben, denn stauende Nässe ist Gift. In den Sommermonaten dürfen Sie das Düngen nicht vergessen. Alle zehn Tage einmal sollten Sie einen Volldünger verabreichen. Im Winter, wenn sie um 18 °C steht, nicht so reichlich gießen.

Alocasia macrorrhizos wird das Riesenblättrige Pfeilblatt genannt, weil die Pflanze beeindruckend große und breite Blätter bildet.

Vermehrung: Durch das Teilen der Rhizome und durch Triebstecklinge lässt sich *Alocasia* leicht vermehren.

Arten:

- *A. longiloba* ist in Malaysia und auf Borneo heimisch und bei uns wegen ihrer äußerst dekorativen Blattzeichnung sehr beliebt. Die dunkelgrünen Blätter werden durch breite gelbliche Blattadern segmentiert.
- *A. macrorrhizos* soll aus Sri Lanka kommen. Diese Art wird 8 m hoch. Die Sorte 'Variegata' ist von eindrucksvoller Blattfärbung.
- *A. sanderiana*, am weitesten als Zimmerpflanze verbreitet, wird etwa 2 m hoch. In ihrer Heimat auf der philippinischen Insel Mindanao ist diese Pflanze vom Aussterben bedroht, deshalb steht sie nach dem Washingtoner Artenschutzübereinkommen von 1975 unter Schutz. Im Handel sind daher nur Pflanzen aus gärtnerischem Anbau.
- Weitere Arten sind *A. × amazonica*, *A. cucullata*, das Kupfer-Pfeilblatt, *A. cuprea*, das Metallische Pfeilblatt, *A. micholitziana*, das Elefantenohr-Pfeilblatt, *A. watsoniana* und *A. zebrina*.

Zimmertanne

Araucaria

Die Zimmertanne ist – ähnlich wie die Zimmerlinde – schon seit Jahrhunderten der klassische Zimmerbaum. Sie gehört zur Familie der Araukariengewächse. Die Zimmertanne kam aus Südamerika, Australien und den Inseln des Stillen Ozeans zu uns. Der Weltumsegler James Cook entdeckte sie 1775 auf den Norfolk- und Philip-Inseln. Dort wird sie über 60 m hoch. Beschrieben und benannt wurde die Gattung dann von dem französischen Botaniker Antoine Laurent de Jussieu (1748–1836).
Gestalt: Die Zimmertanne ist von sattem Grün und breitet ihre dicht benadelten weichen Triebe fast waagerecht aus. Sie verzweigt sich nicht und wächst wunderbar aufrecht heran.
Pflege: Wegen ihrer außerordentlichen Attraktivität wird sie auch in wärmeren Regionen Südeuropas in Parks und Anlagen ausgepflanzt. Hat die *Araucaria* erst einmal ein gewisses Alter, übersteht sie auch leichte Fröste ohne Schaden. Sie benötigt im Zimmer einen rundherum hellen und sehr luftigen Platz. Steht sie in einer dunklen Zimmerecke, reckt sie sich zum Licht und wird schief. Im Zimmer sollte sie auch häufig besprüht werden. Zum Gießen lohnt es sich, Regenwasser oder abgekochtes Wasser zu verwenden. Auf kalkreiches oder hartes Wasser reagiert die Zimmertanne nämlich empfindlich. Sie liebt ein stets feuchtes Substrat, allerdings sollte man sich vor zu viel Nässe hüten, denn dann

Araucaria heterophylla **benötigt rundherum einen hellen Platz, damit ihr Wuchs gerade verläuft. Ihre Zweige neigen sich immer dem Licht zu.**

Mein Rat

Jedes Jahr im Frühling bekommt meine Zimmertanne ein neues Substrat in einem etwas größeren Topf. Wegen der Standfestigkeit verwende ich ausschließlich Tontöpfe.

Beaucarnea recurvata kann in seiner Heimat bis zu acht Meter hoch werden. Der dicke Fuß erreicht einen Durchmesser von etwa einem Meter.

Mein Rat

Um einen »nassen Fuß« zu vermeiden, lege ich beim Umtopfen eine Schicht Kieselsteine und etwas Sand auf den Gefäßboden, ehe ich die Erde auffülle. So kann das Wasser gut durchsickern. *Beaucarnea* ist ein Flachwurzler, deshalb breite und flache Gefäße verwenden!

verkahlen die Triebe! Im Winter kann sie recht kühl stehen, sollte dann aber noch weniger gegossen werden. Im Sommer stelle ich meine Zimmertanne einfach ins Freie an einen halbschattigen Platz, das bekommt ihr sehr gut. Sie liebt kalkfreie Erde, und als Dünger verwende ich von Mai bis August alle drei Wochen einen Rhododendrondünger.

Vermehrung: Durch Aussaat der frischen Samen oder durch Stecklinge der Triebspitze.

Arten:

- *A. heterophylla* ist die echte Zimmertanne. Sie kommt von den Norfolkinseln und wird deshalb auch Norfolk Island Pine genannt.

Elefantenfuß, Klumpstamm

Beaucarnea

Es ist nicht zu übersehen, dass diese interessante Pflanze ihren Namen wegen des knollenförmig verdickten Stammes bekommen hat. Häufig wird sie auch noch unter dem Namen »Nolina« gehandelt. In ihrer Heimat in den Trockengebieten Mittelamerikas können diese Gewächse Riesenbäume werden. In amerikanischen Städten werden sie sogar als Straßenbäume gepflanzt. Der belgische Gärtner und Botaniker Charles Antoine Lemaire (1801–1823) beschäftigte sich mit dieser interessanten Gattung.

Beaucarnea gehört zur Familie der Drachenbaumgewächse.

Gestalt: Über dem oftmals krumm gewachsenen Stamm entwickelt sich ein Schopf grasähnlicher Blätter, die unregelmäßig herunterragen und sich im Alter in sich drehen können. Am schönsten ist es, wenn der Stamm aus seinen Augen noch kleine Ableger hervorbringt. Diese können ihn dann ganz in einem dichten Grün verschwinden lassen. *Beaucarnea* sollte erhöht stehen, um die Wirkung ihres Stammes zu potenzieren.

Pflege: Bei guter Pflege entwickelt der Elefantenfuß sogar unter Zimmerbedingungen einen rispenähnlichen Blütenstand, der bei älteren Pflanzen alljährlich den ganzen Sommer über erscheint. Im Zimmer braucht er einen recht sonnigen Platz und wird nur sparsam gegossen. Im Winter ist ein heller und kühler Standort angebracht. Bei seltenen Wassergaben reichen 10 °C völlig aus. Dann ist gerade so viel zu gießen, dass die feinen Faserwurzeln nicht austrocknen. Sehr empfindlich ist diese Pflanze gegenüber stauender Nässe. Trockene Zimmerluft verträgt sie dagegen gut. Auch an das Substrat stellt sie keine besonderen Ansprüche. Eine normale Blumenerde, der etwas Sand beigemischt wird, um die Wasserführung zu verbessern, ist völlig ausreichend.

Vermehrung: Vermehrt wird *Beaucarnea* über Aussaat; diese Prozedur ist aber sehr langwierig. Besser ist, Ableger abzunehmen und in feuchter Erde zu bewurzeln.

Arten:

- *B. recurvata* ist die Art, die bei uns als Elefantenfuß verbreitet ist. Die ehemaligen Arten *B. glauca* und *B. tuberculata* wurden ihr zugeordnet.

Bougainvillee

Bougainvillea

Diese farbenprächtige Pflanze kommt aus den tropischen Regionen Mittel- und Südamerikas, wo sie als kleiner Baum oder klet-

Übrigens – abgeblühte *Bougainvillea*-Hochblätter vertrocknen, behalten aber ihre Form und dienen den Samenkörnern sozusagen als Fallschirm zur Weiterverbreitung.

ternder Strauch heranwächst. Die Gattung gehört zu den Wunderblumengewächsen. Benannt wurde sie von Philibert Commerson (1727–1773), dessen Werk von Antoine Laurent de Jussieu (1748–1836) fortgesetzt wurde. Der Name erinnert an den berühmten Seefahrer L. A. Comte de Bougainville (1729–1811), der diese Pflanze entdeckte.

Gestalt: Die eigentlichen Blüten fallen nur wenig auf. Ihre Schauwirkung erreicht diese herrliche Pflanze mit ihren jeweils drei kräftig gefärbten Hochblättern, die die ganze Pflanze bedecken. Wegen dieser auffälligen drei Hochblätter wird sie auch Drillingsblume genannt. Heute gibt es in tropischen Ländern, vor allem in Indien und auf den Philippinen, Hunderte von Sorten in allen Farben von Weiß über Rosa, Gelb, Orange, Rot bis Lila und Violett, einfach oder gefüllt. Eine *Bougainvillea* kann etwa 5 m hoch werden. Sie ist immergrün, und die Triebe besitzen hakenförmige Dornen.

Pflege: Bougainvilleen benötigen einen hellen bis vollsonnigen Platz. Es kann der Pflanze gar nicht warm genug sein. Im Winter sollte sie kühl und trocken stehen – umso besser kommt sie zum Blühen. Auch Laubabwurf ist kein Drama, denn sie treibt bei Wärme, Sonne und Feuchtigkeit sofort wieder aus. Im Sommer sollte diese Pflanze im Freien stehen. Am besten gedeiht sie in kräftiger Einheitserde, wenn sie zudem von Mai bis August alle 14 Tage zusätzlich eine Düngergabe mit phosphathaltigem Flüssigdünger bekommt, was die Ausfärbung der Hochblätter unterstützt. Ein kräftiger Rückschnitt nach der Ruhezeit fördert das Austreiben, ohne die Blühfreudigkeit zu beeinträchtigen.

Vermehrung: Durch Kopfstecklinge der nicht verholzten Triebe, die in feuchtwarmem Substrat leicht bewurzeln.

Arten:

- *B. glabra* ist die gebräuchlichste Art, die im Handel schon als kleiner Topf prächtig Farbe zeigt. Sie wird allerdings nicht so groß wie die anderen Arten, die man als Zimmerbaum heranziehen kann. Sie ist in voller Farbe von April bis Juni.
- Weitere Arten sind *B. × buttiana, B. peruviana* und *B. spectabilis.*

Flaschenbaum

Brachychiton

Der Flaschenbaum gehört zur Familie der Sterkuliengewächse und ist vor allem an der australischen Ostküste heimisch. Benannt wurde die Gattung von Heinrich Wilhelm Schott (1794–1865) und Stephan Ladislaus Endlicher (1804–1849).

Gestalt: Das Auffallende sind die verdickten Stämme, die sukkulent (wasserspeichernd) sind. Außerdem bildet *Brachychiton* mitunter lange Pfahlwurzeln. Der Baum kann 10–30 m groß werden. Die Blätter sind dunkelgrün und schützen sich bei manchen Arten durch eine wachsartige Schicht, bei anderen durch eine filzige Behaarung der Blattunterseite vor der Verdunstung. Die rötlichen Blüten erscheinen in zahlreichen Trauben nach dem Laubfall und bilden einen auffallenden Schmuck. Einige

***Brachychiton rupestris* wird auch als »Glücksbaum« im Handel angeboten. Er ist äußerst robust, da er in seinem verdickten Stamm Wasser speichern kann.**

Arten werden in Australien in Trockenperioden als Futter für Schafe genutzt. Die abgeschnittenen Blätter und Zweige treiben nach der Regenzeit wieder aus.

Pflege: Da der dicke Stamm viel Feuchtigkeit speichert, braucht man sich keine Sorgen zu machen, wenn man einmal das Gießen vergessen hat. Im Gegenteil: Zu viel Nässe ist Gift für *Brachychiton*! Über den Sommer kann die Pflanze durchaus im Freien an einem sonnigen Platz stehen (aber bitte erst nach und nach an die Sonne gewöhnen!). Im Winter sollte die Temperatur nicht unter 14 °C absinken. Das Substrat sollte reichlich Sand und etwas Lehm enthalten. Umgetopft werden nur die jüngeren Pflanzen, und zwar jedes Jahr im Frühjahr.

Bei älteren Exemplaren erneuere ich jedes Jahr die oberste Substratschicht.

Vermehrung: Die Vermehrung durch Aussaat ist sehr langwierig. Besser ist es, noch nicht verholzte Triebe als Kopfstecklinge in feuchte Erde zu setzen. Ausreichend Bodenwärme ist dabei das Wichtigste.

Arten:

- *B. rupestris*, der bei uns als Zimmer- und Kübelpflanze besonders verbreitete Flaschenbaum, wird in seiner Heimat bis 15 m groß und hat glänzende fingerförmige oder gefiederte Blätter. Sein Stamm ist in der Tat flaschenförmig und kann am Heimatstandort bis 5 m Durchmesser erreichen.
- Weitere Arten sind *B. acerifolius*, *B. discolor*, *B. diversifolius* und *B. populneus*.

Korbmaranthe

Calathea

Diese wunderschöne interessante Blattschmuckpflanze gehört zur Familie der Pfeilwurzgewächse (Marantaceae). Es gibt eine

Fülle von Arten, von denen wir hier zwei vorstellen möchten. Sie alle stammen aus dem tropischen Mittel- und Südamerika. In Brasilien besiedeln die buntblättrigen Calatheen die tropischen Regenwälder als dichten Bewuchs im Schatten großer Bäume.
Beschrieben hat diese schöne Gattung der deutsche Botaniker Georg Friedrich Meyer (1782–1856).
Gestalt: Die *Calathea* ist eine Staude mit einfachen Stängeln und meist rundlichen oder länglichen großen eindrucksvollen Blättern, die ein reiches buntes Farbenspiel herzeigen. Die Blütenstände, die im Frühjahr erscheinen, erinnern in ihrer Form an kleine Körbchen, sind aber bis auf wenige Ausnahmen sehr unscheinbar.

Die hellgrünen schmalen Blätter von *Calathea lancifolia* sind mit regelmäßigen ovalen dunkelgrünen großen und kleineren Tupfen besetzt.

Pflege: Die Korbmaranthe gedeiht im Schatten oder Halbschatten besonders gut. Sie benötigt eine hohe Luftfeuchtigkeit, vor allem im Frühjahr während des Blattaustriebs. Häufiges Besprühen der Blätter verträgt sie gar nicht. Die Luftfeuchtigkeit im Umfeld der Pflanze lässt sich durch Wasserschalen auf den Heizkörpern oder auch Zimmerspringbrunnen erhöhen. Die großen Blätter verdunsten reichlich Wasser, deshalb muss sie immer feucht gehalten werden. Allerdings sind die Wurzeln gegen stauende Nässe empfindlich, daher immer das überschüssige Wasser aus dem Übertopf oder Untersatz wegschütten. Am besten gedeihen *Calatheen* beim Gießen mit kalkfreiem Wasser, zum Beispiel Regenwasser. Im Frühjahr kann umgetopft werden. Das Substrat sollte ebenfalls kalkfrei und wasserdurchlässig sein. Empfehlenswert ist Spezialsubstrat für Azaleen und Rhododendren. Die Hauptwachstumszeit liegt zwischen März und Ende September. Dann beginnt die Ruhezeit. Jetzt benötigt die Pflanze nicht mehr ganz so viel Wasser, darf aber nicht völlig austrocknen. Auch sollte sie nicht kühler als 15 °C stehen.
Vermehrung: *Calathea* lässt sich zu Beginn der Hauptwachstumszeit durch Teilen der Pflanze vermehren.
Arten:

- *C. lancifolia* ist aufrecht wachsend und hat schmale hellgrüne Blätter, die mit dunkelgrünen Flecken besetzt sind. Die Unterseite der Blätter ist dunkelrot bis bräunlich gefärbt. Sie stammt aus Brasilien und wurde von dem niederländischen Botaniker Boudewijn Karel Boom (1903–1980) beschrieben.

- *C. makoyana,* die Pfauen-Korbmaranthe, besitzt dünne Stängel, an deren Enden die bunten Blätter zu schweben scheinen. Ihre hellgrünen bis gelblichen Blätter haben eine dunkelgrüne Zeichnung, deren Tupfen entfernt an Pfauenfedern erinnern. Eine interessante Beobachtung habe ich gemacht: Nachts schließen sich die Blätter, morgens entfalten sie sich wieder. Diese Art wurde von dem belgischen Botaniker Èdouard Morren (1833–1886) beschrieben, er war Direktor des Botanischen Gartens Lüttich.

Mein Rat

Hartes, kalkhaltiges Leitungswasser verwandele ich praktisch über Nacht in *Calanthea*-freundliches Gießwasser, indem ich einen Mullbeutel gefüllt mit ungedüngtem Torf in einen Eimer mit Wasser hänge.

Kamelie

Camellia

Märchenhaft schön ist diese Zimmer- und Kübelpflanze aus der Familie der Teestrauchgewächse. Ihren Namen erhielt die Gattung von dem großen schwedischen Naturforscher und Systematiker Carl von Linné (1707–1778). Er ehrte damit den Jesuitenpater Georg Joseph Kamel (1661–1706), der sich Camellus nannte. Die Heimat dieses Teegewächses liegt in Ostasien – in einem ausgedehnten Areal, das sich von Nepal über China und Korea bis Japan und Vietnam erstreckt.

Gestalt: *Camellia* ist ein immergrüner Baum, der in Kultur und als Zimmerpflanze zumeist als Strauch gehalten wird. Die Blätter sind eiförmig, breit elliptisch und dunkelgrün glänzend. Das Bezauberndste an dieser Pflanze sind die großen Blüten, die im Spätherbst und im Winter erscheinen und in allen Rot-, Rosa- und Weißnuancen leuchten.

Pflege: Kamelien brauchen einen halbschattigen, kühlen Platz, hohe Luftfeuchtigkeit sowie reichlich Wasser im Frühjahr und Sommer. Ihr Substrat sollte locker, nährstoffreich, gut wasserführend und vor allem kalkfrei sein. Auch bei zusätzlichen Düngergaben im Frühsommer sollten Sie darauf achten, dass Sie immer kalkfreien (Rhododendron-)Dünger verwenden. Vermeiden Sie tunlichst auch alle Extreme. *Camellia* ist ein »Sensibelchen« unter den Pflanzen und möchte alles in gemäßigten Dosierungen. Temperaturschocks verträgt sie ebenso wenig wie überreichliche Düngerkonzentrationen oder plötzliche Standortveränderungen. Langsames und vorsichtiges Gewöhnen sollte Ihnen hierbei ein Motto sein, dann werden Sie auch viel Freude an dieser Pflanze haben. Die Kamelie lässt sich im Sommer beliebig stutzen und in Form bringen. Dadurch wird das vegetative Wachstum angeregt. Allerdings verzögert dies etwas die Blüte.

Vermehrung: Durch Stecklinge aus nichtverholzten Trieben, Aussaat ist langwierig.

Camellia japonica 'Donation' ist halbgefüllt und zeigt mittig die gelben Staubgefäße. Sie ist schon als junge Pflanze ein dankbarer Blüher .

Camellia japonica 'San Dimas' besitzt herrliche Blüten von leuchtend dunkelroter Farbe, die ungefüllt den Blick auf die gelben Staubgefäße freigeben.

Arten:

- Die Blüten der *C. japonica* oder Japanischen Kamelie sind rot und etwa 5 cm breit. Sie ist bei uns weit verbreitet und kann bei ausreichendem Winterschutz in milden Lagen sogar ausgepflanzt werden. Berühmt sind die Kamelien der Insel Mainau oder auch die Kamelie am Schloss Pillnitz bei Dresden, die jeden Winter einen Überbau aus Glas erhält. Ihre Blütezeit beginnt im Januar und endet im April. Als Sorten sind u. a. im Angebot: Die blühwillige rote 'Elegans', die weiße 'Elegans Weiß', die hellrosa, gefüllt blühende 'C. M. Wilson' und die gefüllt blühende rote 'Mathotiana' mit zahlreichen Hybriden in Blutrot, Rosa und Weiß. Hellrosa mit dunkelrotem Streifen präsentiert sich die langsam wachsende Sorte 'Cecille Brunazi', rosa gefüllt mit weißen Flecken die Sorte 'Chandleri Elegans', während die Sorte 'Alba Simplex' einfache Blüten mit deutlich sichtbaren gelben Petalen hervorbringt. Das Gleiche in Hellrosa bietet 'Hatsu Warei'. 'Rubescens Major' blüht leuchtend rot, und 'Oki no Numi' ist hellrosa mit verdunkeltem Blütenansatz und deutlich sichtbaren dunkelroten Strichen.
- *C. sasanqua*, bei uns als Zimmer- und Kübelpflanze verbreitet, ist in Japan zu Hause, aber auch in China, Laos und Vietnam. Ihre Wuchsform ist feingliedriger als bei *C. japonica*. Die Äste erscheinen graziler und leicht überhängend. Ihre Blätter sind sattgrün und glänzend, und die Blütenfülle reicht dank gärtnerischer Arbeiten inzwischen von Weiß über Rosa bis hin

Camellia sasanqua, hier die Sorte 'Cleopatra', fehlt der kompakte Wuchs der *C. japonica*. Aber in ihrem Blütenreichtum ist sie ebenso prachtvoll.

zum Purpurrot, von einfachen bis gefüllten Blüten. Die Blüten sind nicht so riesig wie bei *C. japonica*, dafür aber in der Anzahl üppiger. Ihre Blütezeit dauert vom Spätherbst bis in den März hinein. Die Blüten duften frisch-herb. Sie verträgt sogar etwas Frost und ist in ihrer Haltung sehr anpassungsfähig. Besonders vielblütig sind die Sorten 'Cleopatra' und 'Mine no Yuki', klein bleibend und licht wachsen 'Yuletide' und 'Hime Botan'.

Mein Rat

Nach der Aussaat die Samen nicht mit Erde, sondern nur mit einem Stück Pappe bedecken. Sobald sich die ersten Triebe zeigen, die Abdeckung entfernen, denn nun braucht die Pflanze Licht. Die Sämlinge können sich nun normal entwickeln, blühen jedoch erst nach einigen Jahren.

Balsamapfel

Clusia

Bereits im 17. Jahrhundert fand diese schöne Blattschmuckpflanze aus der Familie der Balsambaumgewächse (Clusiaceae) ihren Weg nach Europa. Sie ist in Mexiko, Westindien und Südamerika heimisch. Die Gattung wurde erstmals von dem berühmten schwedischen Pflanzenforscher Carl von Linné (1707 bis 1778) beschrieben.

Gestalt: Die Blätter und der gesamte Wuchs ähneln unserem traditionellen Gummibaum *(Ficus)*. In ihrer Heimat wächst *Clusia* zumeist epiphytisch auf felsigem Gelände. Sie ist ein hoher Strauch und kann sich in den Jahren zum richtigen Zimmerbaum entwickeln. Die dicken Zweige tragen glänzende sattgrüne, verkehrt eiförmige Blätter. Die Pflanze entwickelt in den Blattachseln Seitentriebe, so dass sie bereits in ihrer Jugend buschig wächst und in die Breite geht. In ihren Heimatländern zeigt *Clusia* ihre rosafarbenen, stark duftenden Blüten, die im Aussehen den Kamelien ähnlich sind. Sie wächst zu großen Bäumen mit kräftigen, runden Kronen heran.

Der einfach zu haltende Balsamapfel eignet sich auch gut für die Hydrokultur.

Pflege: Der Balsamapfel möchte es das ganze Jahr über warm haben, auch im Winter sollte die Temperatur nicht unter 18 °C absinken. Außerdem mag er keine starke Sonneneinstrahlung. Er kann daher ruhig etwas im Zimmerinneren stehen. Über Sommer kräftigt sich die Pflanze wenn sie im Schatten im Freien steht. Sobald die Pflanze die Blätter abwirft, steht sie augenscheinlich zu trocken. Der Topfballen sollte stets mäßig feucht gehalten werden. Überschüssiges Wasser wird aus dem Untersatz oder Übertopf entfernt, denn stauende Nässe mag *Clusia* überhaupt nicht. Das Substrat sollte daher aus einer guten Komposterde bestehen, der etwas Sand beigemischt wird, um eine ausreichende Wasserführung zu garantieren.

Vermehrung: *Clusia* lässt sich im Frühsommer durch nicht verholzte Kopfstecklinge vermehren, die im feuchtwarmen, sandigen Substrat rasch bewurzeln.

Arten:

- *C. grandiflora* ist der Großblütige Balsamapfel und stammt aus Guyana. Sie wurde von dem niederländischen Reisenden und

Pflanzensammler Frederik Louis Splitgerber (1801–1845) entdeckt.

- *C. major* ist der Rosafarbene Balsamapfel, der 1753 von Carl von Linné beschrieben wurde. Die Blüten sind rosa. Sie kommt in Mexiko, Westindien, Südamerika und Südflorida vor. Die Art *C. rosea*, ist jetzt dieser Art zugeordnet.
- *C. palmicida* stammt aus Guyana.

Kaffeebaum

Coffea

Coffea ist eine artenreiche Gattung aus der Familie der Krappgewächse. In unseren Breiten wird vor allem die Art *C. arabica* als Zimmer- und Kübelpflanze gehalten. Der Kaffeebaum ist im tropischen Afrika zu Hause. Er wurde erstmals von Carl von Linné (1707–1778) benannt.

Gestalt: Als Zimmerpflanze wird der Kaffeebaum etwa 2 m groß. Er fasziniert durch seine dunkelgrünen, glänzenden, elliptisch geformten Blätter, die bei guter Pflege üppig erscheinen. In den Blattachseln entwickeln sich nach Jahren weiße, duftende, sternchenförmige Blüten. In den Kaffeeanbaugebieten öffnen sich diese Blüten nach dem Einsetzen der Regenzeit, und die ganze Plantage leuchtet. Bei uns erscheinen die jasminartig duftenden Blüten im Sommer und halten bis in den Herbst hinein. Danach bilden sich die Früchte, die erst rot und später schwarz werden. Etwa

***Coffea arabica* ist mit seinen glänzenden Blättern eine schöne Zimmerpflanze, zudem duften die kleinen Blüten angenehm.**

drei Jahre alt muss ein Kaffeebaum sein, ehe er mit dem Blühen beginnt.

Pflege: Der Kaffeebaum bevorzugt im Zimmer einen sehr hellen und luftigen Standort. Doch Vorsicht bei greller Mittagssonne an Südfenstern! Hier verbrennen die Blätter auf jeden Fall. Man sollte den Kaffeebaum also ruhig im Zimmerinneren platzieren. Das ganze Jahr über

Cupressus macrocarpa ist eine hellgrüne dekorative Pflanze, die sich auch als Stamm oder Kugel heranziehen lässt.

Mein Rat

Durch das Ausbrechen der unteren Triebe und Stutzen der Spitze können Sie eine Kugel auf Stämmchen heranziehen.

sollte er warm stehen. Sogar im Winter darf die Temperatur nicht für längere Zeit unter 12 °C absinken. Bekommen die Blätter braune Ränder, so ist das ein sicheres Zeichen dafür, dass die Pflanze zu trockener Luft ausgesetzt ist. Deshalb sollte man den Kaffeebaum öfter mit lauwarmem Wasser besprühen. Gedüngt wird der Kaffeebaum im Sommer alle zehn Tage mit einem kalkfreien Dünger. Man kann Rhododendron- oder Azaleendünger verwenden. Als Substrat bevorzugt er kalkfreie und nährstoffreiche Erde mit guter Wasserführung, deshalb immer etwas Sand beimischen.

Vermehrung: Durch Aussaat; allerdings sollten Sie nur frischen Samen verwenden, weil er schnell seine Keimkraft verliert.

Arten:

- *C. arabica* ist im Sudan und in Äthiopien heimisch. Diese Art ist bei uns als Zierpflanze weitverbreitet und wird Arabian Coffee genannt.

Monterey-Zypresse

Cupressus

Diese leuchtend hellgrün erscheinende Pflanze stammt aus Kalifornien und gehört zur Familie der Zypressengewächse. Als Zimmerpflanze hat sich bei uns die Art *C. macrocarpa* bewährt. Sie ist auch unter dem Namen Monterey Cypress verbreitet. Der große Pflanzensystematiker Carl von Linné (1707–1778) beschrieb diese Gattung.

Gestalt: Ihre feine Benadelung erinnert wirklich an die Zypressen des Freilandes. Da sie oft golden schimmert, habe ich die Sorte 'Goldcrest' in die Nähe von dunkelgrünen, glänzenden Blattpflanzen gestellt und erziele so einen dekorativen Kontrast. Die Zimmerzypresse wächst sehr rasch und wird erstaunlich schnell groß. Sie können sie daher beliebig stutzen.

Pflege: Im Haus möchte die Zimmerzypresse einen hellen, aber nicht sonnigen Platz. Auch im Halbschatten gedeiht sie noch vorzüglich. Warme Sommertemperaturen und kühle Wintertemperaturen (um 10 °C) sind das Beste. Die Zimmerzypresse braucht nur mäßig Feuchtigkeit, darf aber nicht längere Zeit trocken stehen. Auch Staunässe verträgt sie nicht. Im Winter wird nur wenig gegossen. Jährlich einmal in frische Erde umtopfen und einige Düngergaben über den Sommer beschleunigen das Wachstum der Pflanze.

Vermehrung: Durch Kopfstecklinge.

Arten:

- *C. macrocarpa* ist die einzige Art, die bei uns als Zimmerzypresse mit leuchtend hellgrünem Outfit verbreitet ist.

Dieffenbachie

Dieffenbachia

Diese artenreiche Gattung aus der Familie der Aronstabgewächse kommt aus den tropischen Wäldern Mittel- und Südamerikas und ist schon seit Langem als Zimmerpflanze bekannt. Benannt wurde sievon Heinrich Wilhelm Schott (1794–1865). *Dieffenbachia* ist in allen Pflanzenteilen giftig. Das war schon im 18. Jahrhundert bekannt, denn damals diente sie in Mittel- und Südamerika dazu, Sklaven zu foltern oder unliebsame Zeugen zum Schweigen zu bringen. Daher wohl auch die Namen »Schweigrohr« oder »Giftaron«. Doch keine Angst: Wenn man nicht gerade auf den Blättern herumkaut oder Pflanzensaft in die

Ohne Zweifel ist die schnellwüchsige *Dieffenbachia seguine* eine der bedeutendsten Arten.

Mein Rat

Verkahlen Dieffenbachien, so stehen sie meist längere Zeit unter 18 °C. Also warm stellen und zurückschneiden. Man kann sie verjüngen, aber sie verzweigen sich nicht oberhalb, sondern treiben immer von unten neu aus.

Riesig groß wird *Dieffenbachia bowmannii* sogar im Zimmer. Die unregelmäßige helle Blattzeichnung macht diese Art besonders dekorativ.

Augen bekommt, braucht man keine Sorge zu haben. Die bloße Berührung schadet überhaupt nicht. Bei kleinen Kindern oder Haustieren ist freilich Vorsicht geboten.

Gestalt: Diese attraktive Zimmerpflanze mit den herrlichen Riesenblättern, die meist gesprenkelt oder weißlich, gelblich gefleckt sind, weist unzähligen Arten und Hybriden auf. Es fällt schwer, eine Wahl zu treffen, denn alle werden recht groß und haben riesige glatte Blätter.

Pflege: Die Dieffenbachie steht im hellen bis halbschattigen Raum am besten, volle Sonne verträgt sie nicht. Auch sollten Sie darauf achten, dass sie stets warm und feucht steht. Durch die großen Blätter verdunstet viel Wasser. Der Boden muss nährstoffreich und locker sein. Im Sommer gibt man jede Woche dem Gießwasser einen Volldünger hinzu.

Vermehrung: Dieffenbachien lassen sich leicht im Glas mit Wasser bewurzeln. Man braucht dazu nur einen Kopfsteckling oder einfach Stammstücke mit einem Auge.

Arten:

- *D. bowmannii* ist in Kolumbien und Brasilien zu Hause und präsentiert sich dunkelgrün mit unregelmäßig verlaufenden weißen Flecken. Durch ihre Größe ist diese Pflanze besonders als attraktiver Zimmerbaum geeignet. Die ehemalige Art *D. reginae* wird nun als *D. bowmannii* geführt.
- *D. maculata* ist wohl die bekannteste Art aus dem tropischen Südamerika. Mit ihr haben sich auch Züchter am häufigsten beschäftigt und unzählige Sorten hervorgebracht, u. a. 'Lancifolia' (hierzu gehört auch die frühere Sorte 'Eburnea'), 'Exotica', 'Hoffmannii', 'Rudolph Roehrs' und 'Shuttleworthiana' (früher eine eigene Art). Die Blattfarbe ist von frischem Grün mit mehr oder weniger vielen weißen Strichen und

Flecken. Die ehemaligen Arten *D. picta* und *D. roehrsii* werden heute als *D. maculata* geführt, und diese als *D. seguine*.

- *D. seguine* kommt aus Westindien (Lateinamerika), von ihr gibt es folgende bekannte Sorten: 'Irrorata', 'Lineata', 'Liturata' und 'Nobilis'. Die Sorte 'Tropic Snow' ist ein attraktiver Zimmerbaum mit riesigen reich gemusterten Blättern. *D. seguine* ähnelt der *D. maculata* sehr. Sie ist ebenso vielgestaltig und von der obigen Art nur durch die flachen Blattstiele zu unterscheiden. Die Blätter haben unregelmäßige weiße Flecken oder Streifen.

***Dracaena reflexa* var. *angustifolia* verleiht mit dem schlanken Äußeren jedem Raum ein leichtes Flair.**

Drachenbaum

Dracaena

Diese attraktive Pflanzengattung mit den interessanten Stämmen und länglichen Blättern wächst in den tropischen und subtropischen Gebieten Afrikas und Asiens bis hin zu den Inseln vor Australien. Benannt wurde die Gattung von dem italienischem Arzt und Botaniker Domingos Vandelli (1735–1816), der dazu die Vorleistungen des schwedischen Botanikers Carl von Linné (1707–1778) nutzte. *Dracaena* gehört zur Familie der Drachenbaumgewächse.

Gestalt: Die Blätter sind spitz auslaufend, in allen Farbvarianten gestreift und bilden zumeist über einem oder mehreren Stämmen einen Tuff. Der Drachenbaum war bereits im 19. Jahrhundert in Europa beliebt und bekannt. In den Heimatgebieten werden die Bäume der stammbildenden Formen viele Meter hoch. Häufig wird *Dracaena* mit der Gattung *Cordyline* verwechselt, diese besitzt aber weiße Wurzeln mit Speicherknollen, während *Dracaena* orangegelbe Wurzeln hat. Ihre Blätter sind sowohl breit als auch schmal, grün oder farbig.

Mein Rat

Falls ein Drachenbaum einmal seine Blätter abwirft, schneiden Sie ihn einfach zurück. Er treibt mit Sicherheit wieder aus.

Dracaena fragans hat breite Blätter, die sich leicht neigen. Hier gibt es leuchtend gelb gestreifte Sorten, zum Beispiel 'Yellow Coast'.

Pflege: Wie bei fast allen Pflanzen hier sind auch die buntblättrigen Arten in der Pflege etwas anspruchsvoller. Dennoch ist der Drachenbaum insgesamt eine beliebte und unkomplizierte Zimmerpflanze. Drachenbäume möchten ganzjährig einen mäßig warmen Platz. Manche bevorzugen im Winter einen kühleren Standort bei weniger Wassergaben. Volle Sonne vertragen nur wenige, am besten ist ein heller, aber nicht sonniger Platz. Bei Drachenbäumen kann man eigentlich nur zu viel gießen, denn sie kommen, da sie mit den Agaven verwandt sind, eher mit weniger Wasser gut über die Runden. In geheizten Räumen muss man für erhöhte Luftfeuchtigkeit durch Besprühen sorgen. Düngt man zu viel, fallen die Blätter mit bunter Zeichnung wieder ins Grüne zurück. Als Substrat bevorzugen Drachenbäume in der Regel eine Mischung aus guter Blumenerde mit hohem Sandanteil. Dann braucht man im Sommer auch nur alle vier Wochen einmal zu düngen. Wird einem die Pflanze doch zu groß, so kann man sie getrost zurückschneiden; sie treibt dann wieder aus.
Vermehrung: Die meisten Arten lassen sich durch Stecklinge, Stammstecklinge oder Abmoosen vermehren, *D. draco* durch Aussaat.
Arten:

- *D. deremensis* ist im tropischen Afrika zu Hause. Sie besitzt gelb gerandete, breite Blätter, die durch eine schmale, unregelmäßig grüne Mitte unterbrochen sind. Sie wird heute als *D. fragans* geführt (siehe unten).
- *D. draco*, eine robuste, tief dunkelgrüne Art, wird leicht mit der *Yucca* verwechselt. Ihre Verbreitung reicht von den Kanarischen Inseln über die Kapverden bis hin

nach Madagaskar. Diese Art wird auch oft als Kanarischer Drachenbaum bezeichnet. Sie ist in Indonesien, auf Sumatra und Java zu Hause.

- *D. fragrans*, eine Art mit breiten, rein grünen, grün-gelb oder grün-weiß gestreiften Blättern, kommt aus dem tropischen Afrika. Von ihr gibt es viele Sorten: 'Compacta' ist dunkelgrün und bildet einen dichten Tuff breiter Blätter. 'Janet Craig' hat sich nach außen neigende dunkelgrüne breite Blätter. 'Lemon Lime' besitzt hellgrüne Blätter mit gelbem Rand. Die Blattenden laufen mit einer Spitze aus. 'Steudneri' ist dunkelgrün, die Blätter sind in der Mitte breiter. 'Massangeana' besitzt hellgrüne bis gelbe Mittelstreifen und dunkelgrüne Blattränder. Die Blätter sind breit und an den Enden abgestumpft, sie neigen sich leicht.
- Feine dunkelgrüne Blätter auf schlankem Stamm zeichnen die Art *D. marginata* aus. Ihre Blattränder haben einen rostbraunen Streifen, es gibt aber auch rosafarbene Sorten. *D. reflexa* var. *angustifolia* ist auf der Insel Réunion zu Hause. Es ist normal, wenn die kurzen Blätter abtrocknen.

Zierbanane

Ensete

Der russische Botaniker Pavel Horaninow (1796–1866) benannte diese Gattung, der nur eine Art zugeordnet wird, die man auch als Abessinische Banane bezeichnet. Sie gehört zur Familie der Bananengewächse.

Das stärkereiche Rhizom und der junge Stamm von *Ensente ventricosum* werden am Heimatstandort als Nahrung zubereitet.

Die Zierbanane ist wie die Gattung *Musa* in allen tropischen und subtropischen Regionen der Erde verbreitet; ursprünglich kommt sie allerdings aus Zentral- und Ostafrika.

Gestalt: Die Zierbanane hat breite, linealische, ungeteilte sattgrüne, weiche Blätter, die eine starke Mittelrippe aufweisen. Ihr Scheinstamm ist dicker als bei der Gattung *Musa*. Sie ist kein Gehölz, sondern eine Staude mit dicken Wurzelstock.

Pflege: Die Zierbanane verlangt einen hellen Platz, auch im Winter. Reichlich Feuchtigkeit den ganzen Sommer über ist eine der wichtigsten Bedingungen für gutes Wachstum. Das Substrat sollte nährstoffreich und lehmhaltig sein. Wöchentlich einmal kann *Ensete* im Sommer eine Düngergabe vertragen. Dann entwickelt sie sich zu einer prächtigen, großen Pflanze. Für hohe Luftfeuchtigkeit sollten Sie ebenfalls sorgen. Im Sommer kann die Pflanze durchaus an einem windgeschützten Platz im Freien stehen.

Wenn Sie keinen hellen Winterstandort haben, so können Sie die Blätter zurückschneiden. Im Frühsommer treibt *Ensete* dann wieder aus.

Vermehrung: Die unterirdischen Ausläufer dieser Pflanze kann man von der Mutterpflanze abtrennen und neu einpflanzen.

Art:

- *E. ventricosum* gehörte früher unter dem Namen *Musa ensete* zur Gattung *Musa*, bildet aber heute eine eigenständige Gattung.

Euphorbia tirucalli **kannn bei richtiger Pflege eine beachtliche Größe erreichen.**

Bleistiftstrauch

Euphorbia

Die Familie der Wolfsmilchgewächse, die Euphorbiaceae, ist eine der artenreichsten Familien überhaupt. Man kann sie vom Äußeren überhaupt nicht über »einen Kamm scheren«, da sie eine unendliche Vielfalt von Pflanzenformen bildet, ob kugelig, strauchig, baumartig, beblättert, unbeblättert mit unscheinbaren Blüten oder mit leuchtenden Hochblättern wie beim Christusdorn und beim Weihnachtsstern – sie alle gehören zur Gattung *Euphorbia* und bilden eine eigene Familie. Allen gemeinsam ist der giftige Milchsaft, der in den Sprossteilen steckt. Der Bleistiftstrauch ist in den tropischen Regionen Südafrikas, Ostafrikas und auf Madagaskar zu Hause. Beschrieben hat diese Art der schwedische Pflanzenforscher Carl von Linné (1707–1778) erstmals im Jahre 1753.

Gestalt: Eine ihrer interessantesten Art ist zweifellos *E. tirucalli*, der Bleistiftstrauch, auch die Latex-Wolfsmilch genannt. An seinen Heimatstandorten wird *E. tirucalli* als Hecke

angepflanzt, da sie bis etwa 7 m hoch wachsen kann.
Pflege: Wie die meisten *Euphorbien* braucht der Bleistiftstrauch wenig Wasser, ein sandhaltiges Substrat und ganzjährig Temperaturen, die nicht unter 12 °C absinken. Er darf nicht im Schatten stehen, sondern bevorzugt an halbschattigen bis sonnigen Plätzen. Über Sommer sollte man ihm ein bis zwei Düngergaben verabreichen.
Vermehrung: *Euphorbien* lassen sich durch Stecklinge vermehren. Diese werden ein bis zwei Tage trocken gelegt, dabei allerdings immer den Milchsaft abwischen, damit er die Schnittstelle nicht verkrustet und so eine Wurzelbildung verhindert. Anschließend den Steckling in ein Erd-Sandgemisch stecken und warm und feucht halten. Dabei sollte man einen Platz mit direkter Sonneneinstrahlung vermeiden.
Art:

- *E. tirucalli* ist ein aufrecht wachsendes bizarres Gebilde aus vielen dünnen Ästen, an deren Spitzen sich immer wieder kleine schmale Blättchen und unscheinbare Blüten entwickeln. Die Blättchen fallen öfters ab, nur um bald wieder neu auszutreiben. Auch unter Zimmerbedingungen kann sich *E. tirucalli* zu einer imposanten baumähnlichen Erscheinung entwickeln.
  Das Interessante an dieser Pflanze ist der Milchsaft, denn der wird zu benzinähnlichem Treibstoff aufbereitet. Sein großer wirtschaftlicher Vorzug ist dabei, dass man ihn an Orten als Rohstoffpflanze kultivieren kann, an denen sonst nur wenige Nutzpflanzen überleben würden.

Mein Rat

Beim Umgang mit Euphorbien, insbesondere für den Stecklingsschnitt oder zum Umtopfen, trage ich immer Handschuhe.

Zimmeraralie

Fatsia

Die *Fatsia* stammt aus Asien und ist vor allem in Japan verbreitet. Sie gehört zu den Araliengewächsen und seit Jahrzehnten zum gängigen Zimmerpflanzensortiment. Die Gattung wurde von den beiden Botanikern Jules Émile Planchon (1823–1888) und Joseph Decaisne (1807–1882) beschrieben und benannt.
Gestalt: Die lang gestielten Blätter sind handförmig eingeschnitten, von satter dunkelgrüner Farbe und glänzen stark. Bei großen Pflanzen kann die Blattspreite bis 50 cm betragen, *Fatsia* kann 5 m hoch werden.
Pflege: Die Zimmeraralie bevorzugt einen kühlen Platz, Wärme bekommt ihr nicht. Sie ist daher die ideale Pflanze für Treppenhäuser und Flure. Allerdings sollten dennoch gleich bleibende Temperaturen herrschen, denn Zugluft schadet der *Fatsia* ebenso wie starke Sonneneinstrahlung. Am Nordfenster fühlt sie sich durchaus wohl. Im Sommer sollten Sie Zimmeraralien ausreichend mit Wasser versorgen, ihr Topfballen darf niemals vollstän-

Fatsia japonica ist etwas für kühlere Räume, allerdings darf sie nicht in zugiger Luft stehen.

dig austrocknen. Alle zwei Wochen geben Sie der Pflanze eine Düngergabe mit einem stickstoffreichen Dünger. Im Winter drosselt man bei kühlerem Stand die Wassergaben und düngt am besten gar nicht. Im Frühjahr sollten Sie die Pflanze in nährstoffreiches, lockeres Substrat umtopfen.

Vermehrung: Durch Kopfstecklinge aus nicht verholzten Trieben kann die *Fatsia* recht einfach vermehrt werden.

Art:

- Es wird nur die Art *F. japonica* beschrieben. Zu ihr gehört die Sorte 'Variegata' mit weißlichen Rändern oder Flecken auf den Blättern. Sie ist etwas empfindlicher als die rein grüne Form.

Mein Rat

Ermöglichen Sie der Pflanze einen Winterstandort um höchstens 10 °C. Sie vermeiden damit Spinnmilbenbefall.

Feigenbaum, Gummibaum

Ficus

Eine Legende besagt, dass Buddha etwa 515 v. Chr. unter einem solchen Baum seine Erleuchtung empfangen habe. Seitdem gilt der Gummibaum unter den Buddhisten als heilig. Eigentlich müsste er Feigenbaum heißen, denn der botanische Gattungsname *Ficus*, den Carl von Linné (1707–1778) dieser Pflanze gab, bedeutet »Feige«. Die essbare Feige gehört zur gleichen Gattung.

Gestalt: Zu den zahlreichen Arten dieses Maulbeerbaumgewächses, die aus Asien, Afrika, Südamerika und Südeuropa stammen, zählen eine Vielzahl von Zimmerpflanzen, die sich in Blattform, Wuchsform und Blattfarbe sowie Größe unterscheiden. Daher kann hier nur eine Auswahl von Zimmerbäumen vorgestellt werden. *Ficus* können große Bäume werden oder dichte Büsche bilden, große, dunkelgrüne, glänzende oder behaarte Blätter bilden, aber auch kleine elliptische, runde oder eiförmige Blätter aufweisen. Es gibt eine unendliche Vielzahl von Formen, die jedoch alle immergrün sind.

Pflege: Buntblättrige Arten sind empfindlicher, brauchen mehr Wärme, mehr Luftfeuchtigkeit und mehr Licht, ohne dabei der prallen Sonne ausgesetzt zu sein. Im Frühjahr junge Austriebe besonders häufig besprühen. Im Sommer steht *Ficus* am besten luftig und hell und bekommt ausreichend Wasser und alle zwei Wochen eine Düngergabe. Im Winter reichen 16 °C völlig aus. Umtopfen bitte nur dann, wenn der Topf völlig durchwurzelt ist, und dann eine Mischung aus Laub- und Komposterde wählen.

Vermehrung: Durch Kopfstecklinge, Blattstecklinge mit Triebauge und durch Abmoosen. Stecklinge bewurzeln in Wasser und in feuchter Erde.

Arten:

- *F. benghalensis* ist der Indische Banyanbaum, der am Fuße des Himalajas und in den Gebirgen Südindiens heimisch ist. Dort wird er ein mächtiger Baum mit weit ausladender Krone und vielen Luftwurzeln, die bis zur Erde herabreichen. Die Blätter sind ledrig, bis 30 cm lang, rundlich und

Ficus benjamina **wird auch Birkenfeige genannt, weil seine Blätter klein bleiben.**

Ficus binnendijkii von der Insel Java gehört zu den robusten Zimmergummibäumen.

mit kurzen braunen Haaren bedeckt. Zu einer Berühmtheit wurde eine *F. benghalensis* im Botanischen Garten von Kalkutta: Dieser Baum ist über 200 Jahre alt und bedeckt eine Fläche von fast 14.000 qm. Als Sorte ist 'Krishnae' verbreitet.

Mein Rat

Lässt eine Birkenfeige die Blätter fallen, die Pflanze nicht gleich wegwerfen: An einem geschützten und hellen Platz, wo sie ungestört wachsen kann, treibt sie wieder aus. Extrem trockene Zweige etwas zurückschneiden.

- Die beliebte Birkenfeige, *F. benjamina,* unterscheidet sich in ihrem Äußeren erheblich vom traditionellen Gummibaum. Ihre spitz auslaufenden Blätter sind wesentlich kleiner, und ihre verzweigten Triebe neigen sich nach außen. Sie ist auch etwas empfindlicher als der großblättrige Gummibaum und verträgt weder stauende Nässe noch Zugluft oder schwankende Temperaturen. Bei guter Pflege an einem hellen, aber nicht sonnigen Platz ist diese Pflanze jedoch von üppiger Attraktivität und wird groß und buschig. Inzwischen gibt es eine Vielzahl von Sorten, die entweder die Blattform betreffen oder aber die Färbung der Blätter: Beispiele sind 'Reginald' mit panaschiertem Grün, 'Starlight' mit gelben Rändern, 'Profit' mit weißen Rändern und 'Natasja' mit aufstrebenden kleineren, dunkelgrünen Blättern. Die hellen mehrfarbigen Sorten sind allgemein empfindlicher als die rein grünen. Die Birkenfeige gibt es auch als interessante Kronenbäume mit gedrehten oder geflochtenen Stämmen.
- *F. binnendijkii* hat dunkelgrüne, leicht hängende Blätter. Sie sind härter als jene der Birkenfeige und laufen spitz aus – sie sehen fast wie Messerklingen aus. Es ist eine sehr dekorative und auch robuste Art. Man kann sie als Hochstämmchen ziehen oder buschig wachsen lassen. Dann benötigt der Baum aber für seine Triebfülle eine Stütze, weil sein Haupttrieb nicht so kräftig ist.
- *F. carica* ist der echte Feigenbaum und ur-

sprünglich in Vorderasien und dem Mittelmeerraum zu Hause. Inzwischen ist diese Nutzpflanze von großer wirtschaftlicher Bedeutung weltweit in allen warmen Regionen verbreitet. *F. carica* wird ein 10 m hoher Strauch oder Baum mit dicken Trieben und wirft – im Gegensatz zu den anderen *Ficus*-Arten – ihr Laub ab. Sie ist auch bei uns als Zimmerpflanze, besonders aber als Kübelpflanze sehr beliebt.

- *F. elastica* ist seit Großmutters Zeiten aus den Wohnungen nicht mehr wegzudenken. Dieser echte Gummibaum kam zwischendurch ein wenig aus der Mode, erlebte aber immer wieder ein Comeback. Schon vor über 180 Jahren gelangte der Gummibaum aus Nepal nach Europa. Der Platz im Zimmer sollte für den Gummibaum, da er zumeist schon beim Kauf recht groß und breit ist, großzügig bemessen sein. Auch darf zwar keine volle Sonne vorherrschen, aber Schatten mag er auch nicht, denn dann bleiben die Blätter klein und werden hell. Die gelbbunte Sorte 'Doescheri' ist inzwischen ebenso im Angebot wie 'Tineke' mit gelbrandigen, aufstrebenden Blättern.
- *F. lyrata* ist der Geigenblättrige Gummibaum. Diese Art wartet mit riesigen abgerundeten Blättern auf, die nicht so glänzend wie die des *F. elastica* sind. Er wächst meistens eintriebig, verzweigt aber, wenn man ihn beizeiten stutzt. Durch die Größe der Blätter, deren Adern deutlich hervortreten, wirkt er erstaunlich dekorativ. Dieser Gummibaum hat bei gutem Stand auch weniger die Angewohnheit, die Blätter abzuwerfen. Steht er zu warm und lufttrocken, stellen sich allerdings leicht Schildläuse und Spinnmilben ein.
- *F. microcarpa* kommt aus Asien und wird auch Chinese Banyan genannt. Die Blätter sind dunkelgrün und ähneln denen der Art *F. benjamina*, allerdings sind sie breiter und rundlicher.

Ficus elastica **ist der Gummibaum aus Großmutters Zeiten und erfreut sich als Zimmerpflanze noch immer ungebrochener Beliebtheit.**

Silbereiche, Grevillee

Grevillea

Aus Australien kommt diese interessante Pflanze mit den filigranen Blättern. Besonders in Neusüdwales und Queensland ist sie häufig unter dem Namen Silky Oak anzutreffen – daher auch der deutsche Volksname. *Grevillea* gehörte zur Familie der Proteusgewächse. Die Gattung wurde von den beiden Botanikern Robert Brown (1773–1858) und Joseph Knight (1777–1855) erstmals beschrieben und benannt.

Gestalt: Die Silbereiche zählt zu den schönsten Blütengehölzen der Welt, allerdings wird sie bei uns kaum ihre Blütenpracht entfalten können, denn es dauert beispielsweise bei *G. robusta* etwa zwölf Jahre, bis sie zum Blühen kommt. Aber auch ohne Blüten ist sie eine sehr dekorative Zimmer- und Kübelpflanze. Einem Farn ähnelt die Australische Silbereiche, *G. robusta*, mit ihren filigranen Blättern. Sie wird in ihrer Heimat fast 30 m hoch. Andere haben nadelähnliche Blätter und erreichen nur 3 m. Die Blüten sind auffällig groß und leuchtend dunkelrot oder gelb gefärbt.

Grevillea robusta **bekommt im Alter herrliche gelbe bis orangefarbene Blütenstände, die an Bürsten erinnern.**

Pflege: Als Zimmerpflanze ist dieses Gewächs nicht so problematisch, wie man glaubt. Wichtig ist, nur sehr sparsam zu gießen. Auch sollte das Substrat kalkfrei sein. Die Silbereiche möchte eher zu kühl als zu warm stehen und braucht einen hellen, im Winter sogar einen sonnigen Platz. Alljährlich im Frühjahr topft man die Pflanze, wenn sie noch klein ist, in normale frische Blumenerde um. Größere

Mein Rat

Grevillea sollte im Sommer unbedingt im Freien stehen. Dann aber ab August nicht mehr düngen, damit sie mit ausgereiftem Holz in den Winter geht.

Exemplare werden nur oberflächlich mit neuer Erde bedacht. Man kann die Silbereiche auch zum Verzweigen anregen, indem man sie einfach stutzt. Sie entwickelt dann allerdings keinen Stamm, sondern wächst als Zimmerstrauch heran. Ich habe auch schon Kronenbäumchen von Silbereichen gesehen, die äußerst attraktiv, aber sehr mühselig heranzuziehen sind, da es oft fünf bis sechs Jahre dauert, bis der Stamm die gewünschte Stärke und Höhe hat. Im Winter steht die Pflanze am besten nicht wärmer als 15 °C. Im Sommer kann man die Silbereiche an einen schattigen Platz ins Freie stellen.
Gedüngt wird sie in den Sommermonaten wöchentlich einmal mit einem kalkfreien Blumenflüssigdünger.
Vermehrung: Vermehren kann man die Silbereiche durch Samen, der aber unbedingt frisch sein sollte und recht schlecht aufläuft. In sehr fein gesiebter Erde, die feucht und warm gehalten werden muss, kann man Glück haben. Kopfstecklinge lassen sich ebenfalls bewurzeln, jedoch dauert es sehr lange. Bodenwärme und Bewurzelungspulver können die Bewurzelung beschleunigen.
Arten:

- *G. robusta* besitzt mehrfach gefiederte oder gelappte Blätter, die in ihrer Filigranität an einen Farn erinnern. Im Austrieb schimmern sie bronzefarben und werden erst später oberseits tiefgrün und unterseits silberfarben. Ihre Blüten sind gelb. Dies ist die echte Australische Silbereiche, die auch bei uns weitverbreitet ist und einen hellen Platz benötigt; dann wächst sie üppig heran.

Falsche Paradiesvogelblume, Hummerschere

Heliconia

Die Heliconie ist als Schnittblume schon längst bekannt und beliebt. Sie bildet die eigene Familie der Heliconengewächse (Heliconiaceae). Die Pflanzen sind in den lichten Urwäldern Südamerikas zu Hause, man findet sie aber auch in anderen Teilen der Tropen und Subtropen. Im Zimmer sollte man ihnen viel Platz einräumen, denn sie können bis 2 m hoch werden. Ihre Blätter erinnern an Strelitzien. Diese Gattung wurde von dem schwedischen Pflanzenforscher Carl von Linné (1707

Heliconien sind besonders begehrt als lange haltbare Schnittblumen.

bis 1778) erstmals im Jahre 1771 beschrieben. Er benannte sie nach dem Berg Helikon in Griechenland (Sitz der Musen).

Gestalt: Neben den Blüten sind die kräftig gefärbten Hochblätter sehr auffallend. Es gibt aufrecht stehende und sich neigende Blütenstände. Die Pflanzen haben ein dichtes Geflecht aus Wurzeln und fleischigen Rhizomen, aus denen die aufrecht wachsenden Blätter entspringen. Inzwischen sind aus den vielen Arten auch Sorten gezüchtet worden, die eine lange Haltbarkeit der Blütenstände und ihrer Hochblätter sowie eine noch größere Attraktivität aufweisen.

Pflege: Die Falsche Paradiesvogelblume braucht einen hellen, aber nicht vollsonnigen Platz. Ausreichend Feuchtigkeit ist ebenfalls wichtig. Allerdings sollte man stauende Nässe vermeiden. Als Substrat verwende ich eine kräftige Blumenerde. Der Topf sollte ausreichend groß sein, da *Heliconia* fleischige Rhizome bildet, die nicht eingeengt werden dürfen. Über Sommer einmal wöchentlich düngen ist empfehlenswert. Die Temperatur sollte nicht unter 18 °C absinken. Für eine ausreichende Luftfeuchtigkeit durch häufiges Besprühen ist zu sorgen, da sich sonst leicht Spinnmilben einstellen.

Vermehrung: Heliconien lassen sich einfach durch Abtrennen der Rhizome und Teilen der Pflanzen vermehren.

Arten: Es gibt eine Fülle von Arten, die auch als Topfpflanzen oder Schnittblumen angeboten werden.

- *H. psittacorum* wird auch als Papageien-Hummerschere bezeichnet. Ihre Hochblätter sind leuchtend orangerot und haben, zum Beispiel bei der Sorte 'Olympic Dream', schwarze Spitzen. Die Blütenstände stehen aufrecht über den hellgrünen Blättern. Man findet sie in Westindien, Guyana, Brasilien und Paraguay. Diese Art beschrieb der schwedische Pflanzenforscher Carl von Linné (1707–1778).
- *H. stricta* ist die Bananenblättrige Hummerschere. Ihre Hochblätter erscheinen wechselständig in Rosa bis Rot und sind von großer Leuchtkraft. Sie ist im tropischen Südamerika verbreitet. Der Schweizer Botaniker Jakob Huber (1867–1914) entdeckte diese wunderschöne *Heliconia.*
- *H. wagneriana* ist die Dreifarbige Hummerschere, die stufenförmigen Blütenstände entwickelt, deren Hochblätter leuchtend hellrot sind und die von einem gelblichen Rand eingesäumt werden. Sie ist in Costa Rica und Panama heimisch und wurde von dem dänischen Botaniker Otto Georg Petersen (1847–1937) beschrieben.

Jacarandabaum, Palisander

Jacaranda

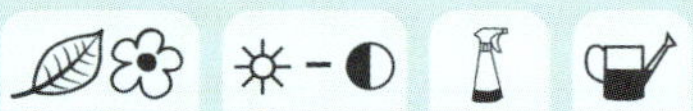

Dieses interessante Gehölz gehört zur Familie der Trompetenbaumgewächse und kommt ursprünglich aus Brasilien, Argentinien und Guyana. Die Gattung wurde von dem französischen Botaniker Antoine Laurent de Jussieu (1748–1836) benannt. Das Holz ist begehrtes

Übrigens: *Jacaranda mimosifolia* ist in ihrer Heimat ein beliebter Straßenbaum.

Blühender Rosenholzbaum (*Jacaranda mimosifolia*) am Heimatstandort.

Schnitzmaterial, weil es weich, wohlriechend und dunkelrot ist. Mitunter wird *Jacaranda* auch Palisanderbaum genannt, aber echtes Palisander stammt von *Dalbergia* aus der Familie der Hülsenfrüchtler.

Gestalt: *Jacaranda* sind Bäume oder Sträucher, können immergrün oder Laub abwerfend sein, blühen wunderschön von blau bis violett und haben farnartige doppelt gefiederte Blätter, die sehr attraktiv sind. Die Bäume können bis 20 m groß werden.

Pflege: Der Rosenholzbaum braucht einen feuchtwarmen Platz. Im Sommer kann er ins Freie, allerdings darf man dann auch nicht das Gießen vergessen. Das Substrat sollte nährstoffreich und von guter Wasserführung sein. Das lichte Laub fällt erst im Spätwinter, und bei älteren Pflanzen erscheinen dann auch die herrlichen glockenförmigen Blüten in dichten Rispen. *Jacaranda* lässt sich auch gut in Form schneiden.

Das abgefallene Laub strömt einen unangenehmen Geruch aus; Sie sollten es daher gleich entfernen.

Vermehrung: Durch Stecklinge und auch durch Aussaat.

Arten:

- *J. mimosifolia* aus Argentinien ist bei uns als Zimmerpflanze verbreitet. Sie kommt auch mit trocknerer Zimmerluft zurecht. Die frühere Art *J. ovalifolia* gehört jetzt zu *J. mimosifolia*.

Mein Rat

Die langen Luftwurzeln leite ich in die Erde. Auf diese Weise versorgen sie meine *Monstera* noch zusätzlich mit allem Notwendigen, weil sie sich zu Nährwurzeln umbilden. Also auf gar keinen Fall abschneiden!

Fast beliebig groß kann man *Monstera deliciosa* am Moosstab oder Gestell heranziehen.

Fensterblatt

Monstera

Aus den tropischen Gebieten Mittel- und Südamerikas kommt diese attraktive Zimmerpflanze, die sich durchaus als Kletterpflanze einordnen lässt.

Benannt wurde die Gattung von dem französischen Botaniker Michel Adanson (1727–1806). *Monstera* gehört zur Familie der Aronstabgewächse. Das Fensterblatt bildet in seiner Heimat violette Beeren, die wunderbar duften und auch so schmecken.

Gestalt: *Monstera* bedarf eigentlich keiner näheren Beschreibung, denn sie ist eine sehr bekannte und zugleich beliebte Zimmerpflanze. Die Riesenblätter mit ihren Einschnitten und Löchern machen sie zu einem attraktiven Mittelpunkt in jedem Raum. Aus den halbholzigen schlanken Stämmen wachsen lange Luftwurzeln herab.

Das Fensterblatt lässt sich an Klettergerüsten oder am Moosstab zu einem prächtigen Zimmerbaum heranziehen.

Pflege: *Monstera* gedeiht am besten in leichter und nährstoffreicher Blumenerde, in der Hauptwachstumszeit ist alle zwei Wochen eine Düngergabe angebracht. Der Standort sollte sehr hell, aber auf keinen Fall vollsonnig sein. Große Pflanzen benötigen reichlich Wasser. Zusätzlich sollten wir die Blätter häufig feucht abwischen, nicht nur des Staubes wegen, sondern um die Luftfeuchtigkeit zu erhöhen. Allerdings gewöhnt sich die *Monstera* auch an lufttrockene Räume. Temperaturen um 20 °C sind am besten, aber auch kühlere und wärmere Bereiche werden kurzzeitig ohne Schäden vertragen. Freilich bei Kühle nicht so reichlich gießen. Bleiben die Blattausbuchtungen aus, steht das Fensterblatt meist zu dunkel.

Vermehrung: Durch Stecklinge, die leicht bewurzeln.

Arten:

- *M. deliciosa* ist die bei uns bekannte Zimmerpflanze. Sie kommt aus Mexiko. Der Artname *deliciosa* bedeutet so viel wie »köstlich«, was sich auf die schmackhafte Frucht bezieht. Der Gattungsname heißt im Deutschen »Missgestalt« und nimmt vermutlich auf die »unfertige« Art der Blätter Bezug. Doch gerade diese scheinbare Missbildung – ihre durchbrochenen Blätter – macht diese Pflanze so interessant für uns. Die weißbunte Sorte 'Variegata' ist entschieden empfindlicher als die grüne Art. Außerdem gibt es noch die kleiner bleibende Sorte 'Borsigiana'.

Banane

Musa

Die Banane ist sowohl in Asien als auch in Australien, Südamerika und Afrika zu Hause. Sie gehört zur Familie der Bananengewächse. Carl von Linné (1707–1778) benannte diese herrliche Pflanze nach Antonius Musa, dem Leibarzt von Kaiser Augustus. Es gibt eine Fülle von Arten, aber nur wenige haben sich bei uns als Zimmer- und Kübelpflanze einen Platz erobert.

Gestalt: Die *Musa* besitzt weiche, riesige Blätter, die an den natürlichen Standorten oder auch bei uns auf der Terrasse unweigerlich vom Wind erfasst und eingerissen werden. Damit lässt sich jedoch leben, denn *Musa* treibt unermüdlich neue Blätter aus. Ihre Stämme sind sogenannte Scheinstämme: Nach der Fruchtreife sterben sie ab; allerdings treibt die Pflanze sofort aus der verdickten Wurzel wieder neu.

Die imposante *Musa basjoo*, ausgereifter Blütenstand (kleines Bild).

Pflege: Ganz hell sollte die Banane stehen, auch im Winter. Wenn Sie keinen hellen Winterstandort haben, so können Sie die Blätter zurückschneiden. Im Frühsommer treibt *Musa* dann wieder aus. Die Pflanze verbraucht im Sommer bei hohen Temperaturen Unmengen von Wasser, deshalb den Ballen niemals trocken werden lassen. Wöchentlich einmal sollten Sie die Pflanze mit einem Volldünger düngen. Als Substrat eignet sich lehmige Erde, der etwas Lauberde beigemischt wird. Sollten die Blätter beim Überwintern etwas gelitten haben, schneiden Sie diese ganz stark zurück. Die Pflanze treibt wieder aus.

Vermehrung: *Musa* treibt unterirdisch Ausläufer, die Sie leicht trennen und dann neu eintopfen können.

Arten:

- *M. acuminata* ist als Zimmerbanane wegen ihres zwergigen Wuchses als Kübelpflanze besonders beliebt.
- *M. basjoo*, die Japanische Faserbanane, wird bis 5 m groß. Sie verträgt sogar einige Minusgrade, wenn man ihre Wurzeln gut einpackt und ihr einen windgeschützten Platz gibt.
- *M. textilis*, die Textil-Banane, liefert den Manilahanf.

Mein Rat

In den südeuropäischen Ländern ist die Myrte ein weitverbreitetes Küchengewürz. Sie gehört einfach zum Lammbraten dazu. Das ergibt ein besonders pikantes Aroma.

Myrtus communis **fühlt sich über Sommer am wohlsten im Freien. Nicht das Gießen vergessen!**

Myrte

Myrtus

Diese Gattung aus dem Mittelmeerraum ist jetzt in vielen Regionen der Erde verbreitet, beispielsweise in Asien und Nordafrika. *Myrtus* gehört zur Familie der Myrtengewächse und wurde von Carl von Linné (1707–1778) beschrieben und benannt. Die Myrte spielt seit je im Brauchtum eine große Rolle. Der Brauch, Brautpaare mit Myrtenzweiglein zu schmücken, geht bis ins 16. Jahrhundert zurück. Eine Tochter aus dem Hause Fugger, der berühmten Kaufmannsdynastie, soll um 1583 als Erste einen Myrtenkranz zur Trauung getragen haben.

Gestalt: *Myrtus* ist ein immergrünes Gehölz. Ihre Blätter sind glänzend, dunkelgrün, klein und eiförmig und entwickeln beim Zerreiben einen aromatischen Duft. Die Myrte blüht schon als ganz kleiner Fenstertopf. Die kleinen unscheinbaren Blüten duften zart und sind durch ihre Fülle dekorativ.

Pflege: Die Myrte lässt sich auch als Kranz formen, zu Figuren schneiden und ist relativ problemlos in der Pflege. Ihr Wasserbedarf sollte aber nicht unterschätzt werden. Allerdings wollen Myrten sonnig stehen. Im Sommer können sie durchaus ins Freie, müssen dann aber häufig gegossen werden. Als Substrat bevorzugen Myrten eine kräftige, kalkfreie Erde. Von Mai bis August kann man der Myrte einen kalkfreien Dünger verabreichen, alle drei Wochen reicht völlig aus. Myrtendünger ist im Handel schwer zu finden, deshalb sollte man Azaleen- und Rhododendrondünger verwenden, denn dieser enthält auch keinen Kalk. Im Winter benötigt sie einen hellen, frostfreien und kühlen Platz. Dann wird auch weniger gegossen.

Vermehrung: Myrten lassen sich beliebig stutzen, und die Triebstücke kann man im Frühsommer in feuchte Erde stecken und bewurzeln lassen. Nach dem Stutzen blüht sie allerdings nicht so üppig.

Art:

- *M. communis* ist die bei uns bekannte Zimmermyrte. Mit zweifarbigen Blättern wartet die Sorte 'Variegata' auf. Im Handel sind auch 'Hamburger' und 'Königsberger Brautmyrte'. Die vielen ehemaligen Arten der Gattung wurden allesamt anderen Gattungen zugeordnet.

Rasierpinselbaum

Pachira

Pachira gehört zu den Wollbaumgewächsen (Bombacaceae) und stammt aus den Tropen Amerikas. Den deutschen Namen erhielt diese interessante Pflanze, weil ihre grünlich gelben Blüten mit den in allen Rotnuancen auftretenden Staubblättern an einen Rasierpinsel erinnern. In unseren Breiten kommt diese interessante Pflanze selten zum Blühen. Aber auch so ist sie eine Augenweide. Entdeckt hat diese Pflanze der französische Botaniker und Apotheker Jean Baptiste Aublet (1720–1778).

Gestalt: Die wechselständigen Blätter sind kräftig grün und glänzend, sie stehen auseinander wie eine Hand. Daher wird *Pachira* auch oft mit einer Aralie verwechselt. Ihr dekorativer, mehrfach gekrümmter Stamm speichert das Wasser und macht sie schon im Zimmer zu einem Baum mit interessanter Kronenbildung. Im Handel wird sie mit gedrehten Stämmchen angeboten.

In Asien ist der Rasierpinselbaum weit verbreitet und gilt als Geld- und Glücksbaum.

Mein Rat

Meinen Rasierpinselbaum gieße ich erst dann, wenn der Wurzelballen völlig trocken ist. Das überschüssige Wasser entferne ich.

Pflege: Der Standort sollte sonnig bis halbschattig sein. *Pachira* darf nicht zu reichlich gegossen werden. Wichtig ist aber das tägliche Besprühen, da die Pflanze am besten in hoher Luftfeuchtigkeit gedeiht. Fallen die Blätter ab, so ist das zumeist ein Zeichen dafür, dass die Luftfeuchtigkeit im Zimmer zu niedrig ist. Im Winter kann *Pachira* bei 10 bis 12 °C gehalten werden, sollte dann aber nur sehr sparsam gegossen werden.
Im Frühsommer kann man in handelsübliche Blumenerde umtopfen. Zu groß gewordene Pflanzen dürfen ohne Bedenken zurückgeschnitten werden.

Vermehrung: Bei ausreichender Bodenwärme und hoher Luftfeuchtigkeit gelingt die Vermehrung aus Kopfstecklingen sicherlich. Aber auch durch Aussaat lässt sich *Pachira* ganz gut vermehren.

Arten:

- *P. aquatica* wird auch als Sumpf-Rasierpinselbaum bezeichnet. Sie ist im Süden Mexikos und in Mittelamerika ebenso verbreitet wie im tropischen Südamerika. Diese Art wurde von dem französischen Botaniker und Apotheker Jean Baptiste Aublet (1720–1778) beschrieben.
- *P. insignis* ist der Brasilianische Rasierpinselbaum, der in seiner Heimat als Nutzpflanze eine große Rolle spielt. Er kommt in Peru, Guyana, Brasilien und im südlichen Colorado vor. Die Art wurde von dem schwedischen Botaniker Olof Peter Swartz (1760–1818) beschrieben. Der französische Zoologe und Botaniker Marie Jules Savigny (1777–1851) erkannte diese Art als eine *Pachira*.

Schraubenbaum

Pandanus

Auch wenn die Engländer ihn Screw Palm nennen, also Schraubenpalme, hat der *Pandanus* doch keinerlei verwandtschaftliche Bindungen zu den Palmen. Vielmehr bildet der Schraubenbaum eine eigene Familie, die Schraubenbaumgewächse. Diese dekorative Pflanze ist auf Madagaskar, in Afrika, Australien und auf den Inseln des Stillen Ozeans zu Hause. Die Gattung wurde von dem britischen naturhistorischen Zeichner Sydney C. Parkinson (1745–1771) benannt, einem Teilnehmer an der ersten Weltumseglung von James Cook. In China werden die jungen Blätter mancher Arten als Gemüse zubereitet.

Gestalt: Der Schraubenbaum wächst als Baum oder Strauch. Er hat lange, weit ausschwingende schlanke Blätter, deren Ränder und Spitzen mitunter dornig sind. Die Blätter können grün sein oder weiße Längsstreifen besitzen. Auffallend sind bei dieser Gattung die Luft- und Stelzwurzeln. Die Stelzwurzeln bilden an Heimatstandorten eine Wurzelhaube von mehreren Metern.

Pflege: Ein *Pandanus* benötigt außerordentlich viel Platz, damit er gut gedeihen kann und voll zur Geltung kommt. Er braucht viel Licht, aber keine direkte Sonne. Steht er zu dunkel, blasst seine schöne Blattfärbung aus. Außerdem sollte er ganzjährig warm stehen, und das Substrat muss stets feucht gehalten werden. Als Substrat bevorzugt der Schraubenbaum nährstoffreiche, durchlässige Erde. Jährliches Umtopfen fördert sein Gedeihen. Gedüngt wird der Schraubenbaum nur im Sommer, etwa alle drei Wochen mit einem Volldünger. Um die Luftfeuchtigkeit in Pflanzennähe zu erhöhen, ist es ratsam, den Schraubenbaum mehrmals wöchentlich gut zu besprühen.

Im Winter sollte man die Blätter von Zeit zu Zeit mit einem feuchten Tuch oder Schwamm abwischen und so Staub entfernen.

Vermehrung: *Pandanus* bildet kleine Kindel, die man zur Vermehrung abtrennen kann.

Pandanus tectorius **braucht im Zimmer viel Platz, nur so kann er sich wirklich gut entwickeln und behindert nicht.**

Arten:

Bei uns als Zimmerpflanze verbreitete Arten:

- *P. tectorius* ist auf Timor und anderen Inseln des Malaiischen Archipels zu Hause. Die Blätter von Sanders Schraubenbaum werden fast 1 m lang, aber nur 5 cm breit. Sie sind weiß oder hellgrün gestreift. Junge Blätter sind gänzlich weiß. Die Randdornen zeigen sich weiß oder rötlich.
  Die auf den Südseeinseln beheimatete Pflanze ist unter dem Namen »Veitch's Schraubenbaum« einer der bekanntesten. Er entwickelt einen Schopf, und seine Blätter sind ohne Randdornen. Die grünen Blätter haben feine, nadelbreite gelbliche Längsstreifen.
- *P. utilis* ist auf Madagaskar zu Hause und wird dort zu einem Riesenbaum von 20 m Höhe. Er hat dunkelgraugrüne steife, bis 10 cm breite und 150 cm lange Blätter, die dicht mit roten Randdornen besetzt sind. Diese Art hat große wirtschaftliche Bedeutung zur Herstellung von Flechtwerk und wird deshalb auch Nützlicher Schraubenbaum genannt.

Philodendron, Baumfreund

Philodendron

Man kann sich keinen tropischen Urwald ohne diese vielfältige Gattung denken – ob als kletternde, rankende oder auf Stämmen wachsende, mit Riesenblättern ausgestattete Arten. Man findet sie in den gesamten Tropen, überreichlich kommt sie auf dem amerikanischen Kontinent vor. Seit etwa 150 Jahren erfreuen wir uns an einigen Vertretern dieser Gattung, die unter Zimmerbedingungen erstaunlich gut gedeihen.
Beschrieben hat sie der österreichische Botaniker Heinrich Wilhelm Schott (1794–1865). Der Philodendron gehört zur großen Familie der Aronstabgewächse.

Gestalt: Es lässt sich kaum ein einheitliches Bild zeichnen. Der Philodendron ist immergrün, hat meist glänzende oder auch samtig angehauchte einfarbige oder mehrfarbige Blätter; mitunter bildet die Pflanze Luftwurzeln aus. Nur bei wenigen Arten kommt er auch im Zimmer zur Blüte. Er ist unwahrscheinlich schnellwüchsig und pflegeleicht. Eine ideale und robuste Pflanze für halbschattige warme Räume.

Pflege: Nicht alle Arten kann man unter die Rubrik Zimmerbäume fassen, denn einige bleiben kleinblättrig und werden erst an Riesenmoosstäben zu »Bäumen«. Aber eines haben alle gemeinsam: Sie wachsen unwahrscheinlich schnell und üppig. Die meisten Arten kommen erstaunlich gut mit trockener Zimmerluft zurecht, doch ist ein gelegentliches Übersprühen auf jeden Fall anzuraten. Auch stehen alle gern im Halbschatten bis Schatten und mögen einen recht warmen Platz. Im Winter sollte die Temperatur nicht unter 18 °C und auch die Bodenwärme nicht absinken. Viele Philodendren haben lange Luftwurzeln, die erst im Alter den Weg zur Erde finden und dann zu Nährwurzeln werden. Die großen Blätter sind bei fast allen Arten von einem satten, dunklen Grün, das vom Glanz der Blätter noch unterstrichen wird. Es gibt aber auch Arten, die leicht rötlich schimmern.

Vermehrung: Durch Triebstecklinge oder Kopfstecklinge, die relativ leicht bewurzeln, wenn die Rahmenbedingungen stimmen.

Arten:

Bei uns als Zimmerbäume verbreitet sind:

- *P. bipennifolium*. Pfeilartig ragen die Blätter dieser kletternden Art aus Südbrasilien empor. Ihre Blattfarbe ist graugrün, die Blattstruktur ledrig. Diese Art lässt sich durchaus an einem Gestell oder Moosstab zum Zimmerbaum heranziehen. Sie gehört zu denjenigen Arten, die auch bei 15 °C noch gut gedeihen können, wenn man nicht zu reichlich gießt. Im englischen Sprachraum heißt diese Art übrigens auch »Fiddleleaf Philodendron«.
- *P. bipinnatifidum* ist eine sehr attraktive Art mit gefiederten, tief eingeschnittenen Blättern – die Blattspreite kann 90 cm betragen. Diese Art wird bis zu 2 m hoch.
- *P. erubescens* ist auch unter dem Namen »Blushing Philodendron« bekannt. Die Blätter werden sehr groß, die meisten bis zu 70 cm lang, und sie sind fast bis an die Mittelrippe eingeschnitten. Die Blattfarbe ist graugrün.

  Diese Art blüht schon als zweijährige Pflanze. Sie kommt aus Kolumbien und möchte besonders warm stehen. Dann allerdings benötigt sie auch viel Feuchtigkeit, muss also regelmäßig gegossen und alle 14 Tage gedüngt werden.

Philodendron erubescens **wird auch das Rotblättrige Philodendron genant. Es kann im Zimmer eine imposanten Höhe erreichen.**

Mein Rat

Im Winter stelle ich unter Philodendron einen Korkuntersatz, um auf keinen Fall einen »kalten Fuß« zu riskieren. Ich empfehle diese Methode besonders jenen, die eine Fensterbank aus Stein ohne Heizung darunter oder Fußböden ohne Keller und Fußbodenheizung haben.

Steineibe

Podocarpus

Diese interessante Pflanze sieht nicht nur aus wie ein Nadelbaum, sie zählt auch botanisch zu diesen. Es gibt eine Fülle von Arten, die in subtropischen Gebieten, vor allem in Asien, zu Hause sind. Beschrieben wurde die Gattung von den beiden Botanikern Charles Louis L' Héritier de Brutelle (1746–1800) und Christiaan Hendrik Persoon (1761–1836).

Der *Podocarpus* zählt zur Familie der Steineibengewächse.

Gestalt: Die Blätter sind tief dunkelgrün und schmal lanzettlich geformt. Die Steineibe kann ein Baum von fast 40 m Höhe werden oder wächst als hoher, dicht verzweigter Strauch heran. *Podocarpus* ist immergrün und von außergewöhnlicher Attraktivität. Er verzweigt sich deutlich und lässt sich auch gut beschneiden.

Pflege: Die Steineibe kann den ganzen Sommer über bis in den Spätherbst hinein im Freien stehen. In Süddeutschland sind sogar einige ältere Exemplare in Gärten ausgepflanzt; allerdings benötigen diese einen Winterschutz. *Podocarpus* ist die ideale Pflanze für jene Plätze im Haus, wo es kühl und hell ist. Alljährlich im Frühjahr sollte man die Pflanze in handelsübliche Blumenerde umtopfen. Zweimal im Monat wird gedüngt. Steht die Pflanze im Winter zu warm, stellen sich Läuse ein. Deshalb muss sie unbedingt einen frostfreien und kühlen Winterplatz bekommen.

Podocarpus macrophyllus **wird auch die Gewöhnliche Tempel-Steineibe genannt. Sie lässt sich zum Bonsai formen.**

Mein Rat

Podocarpus ist auch etwas für Bonsailiebhaber. Das Holz lässt sich leicht in Form biegen. Die Wurzeln vertragen den notwendigen Schnitt.

Kann man dies nicht garantieren, so sollte man die Pflanze über Winter in Pension geben. Interessant ist auch, dass sich die Steineibe in Form bringen lässt. Man kann sie bizarr drahten und zum »Krummwerden« anregen. Am besten stutzt man dabei die Seitentriebe, so dass nur oberhalb Schöpfe stehen bleiben. Oder aber man zieht sie als dichte Kugel, indem man stets ihre Spitzen kappt.

Vermehrung: Vermehrt wird die Steineibe durch Triebstecklinge mit mindestens drei Blattpaaren, die rasch bewurzeln, wenn sie warm und feucht stehen.

Arten:

- *P. alpinus* ist eine feinblättrige Art, die in geschützten Lagen mit ausreichend Winterschutz auch Minusgrade aushält. Von ihr gibt es die Sorte 'Blue Gem', die Blaunadelige Steineibe.
- *P. macrophyllus* ist die Echte Steineibe oder Yew Pine aus Südchina, Südjapan, speziell den Riukiu-Inseln. *P. macrophyllus* ist bei uns als Zimmer- und Kübelpflanze weit verbreitet. Zu ihr gehört auch die ehemalige Art *P. chinensis*.

Stahlenaralie, Fingeraralie, Lackblatt

Schefflera

Diese schöne Grünpflanze mit den bandförmig angeordneten Blättern stammt aus Taiwan, Australien und Neuguinea. Die Gattung gehört zur Familie der Araliengewächse. Um die Benennung und Beschreibung dieser Gattung haben sich der Naturwissenschaftler Johann Reinhold Forster (1729–1798) und sein Sohn Johann Georg Adam Forster (1754 bis 1794) verdient gemacht. Gemeinsam begleiteten sie James Cook auf dessen Weltreise in den Jahren 1772 bis 1775.

Gestalt: Die Strahlenaralie wird in ihrer Heimat riesengroß und klettert an Bäumen empor. Bis

Eine der populärsten und häufig im Zimmer anzutreffenden Arten ist *Schefflera arboricola*.

An Eleganz kann es keine andere *Schefflera* mit dieser Art, *Schefflera elegantissima*, aufnehmen. Ihre Blätter bleiben zierlich.

40 m hoch kann sie werden und blüht rötlich. Die lang gestielten glänzenden Blätter sind mehrfach geteilt. Auch im Zimmer bekommt die rasch wachsende *Schefflera* Stützhilfen; sehr dekorativ sieht ein Moosstab aus.

Pflege: *Schefflera* ist eine Pflanze, die stets die »Mitte« will: nicht zu warm, nicht zu kalt, nicht zu feucht, nicht zu trocken, nicht sonnig, nicht schattig. Fazit: Eine gute durchlässige Erde, die einem nassen Fuß vorbeugt, regelmäßiges Gießen, ein mäßig warmer und heller Platz sind ihr gerade recht. Auf Zugluft und Temperaturschwankungen reagiert die Strahlenaralie empfindlich mit dem Abwerfen der Blätter. Öfteres Besprühen oder Abbrausen der Blätter tun ihr aber gut. Im Sommer kann man sie alle drei Wochen düngen. Auch sollten Sie sie alljährlich im Frühjahr in nährstoffreiche frische Blumenerde umtopfen. Dies ist eine Pflanze, die dank ihrer Wuchsfreude ideal für das Zimmer ist. Sie hat auch den Vorteil, dass sie lang und elegant mehr in die Höhe als in die Breite geht. Die Strahlenaralie ist in vielen Sorten im Angebot, es gibt neben der dunkelgrünen auch gelb gezeichnete, zum Beispiel 'Trinette'. Die hell gemusterten Exemplare sind empfindlicher als die dunkelgrünen.
Beim Gießen verwende ich Regenwasser, das tut der Strahlenarelie auf jeden Fall gut.

Vermehrung: Zumeist aus Samen, weil Triebstecklinge nicht so rasch bewurzeln.

Arten:

- *S. arboricola* ist auf Taiwan heimisch und wird dort auch als Parasol Plant bezeichnet. Sie benötigt einen stets warmen Platz. Ihre gefingerten Blätter enden in runden Bögen. Die Sorte 'Gold Capella' hat eine gelbe Zeichnung.
- *S. elegantissima* ist die frühere *Dizygoteca elegantissima*, die Fingeraralie. Sie kommt aus Neukaledonien und ist eine filigran wirkende Pflanze, die in ihrer Heimat große strauchartige Bäume bildet. Auch im Zimmer kann sie gut 2 m hoch werden. Sie hat olivgrünes bis rötliches Laub und gefiederte schlanke Blätter, deren Ränder auffallend gezähnt sind.

Zimmerlinde

Sparrmannia

Der schwedische Botaniker Carl von Linné (1741–1783), der Sohn des berühmten Pflanzensystematikers gleichen Namens, beschrieb und benannte diese herrliche Pflanze und setzte damit seinem Landsmann, dem Arzt, Botaniker und Forschungsreisenden Dr. Andreas Sparrmann (1748–1820) ein Denkmal. Dieser hatte ihm von seiner Reise nach Südafrika die bislang unbekannte Pflanze mitgebracht. In ihrer Heimat, in Afrika und auf Madagaskar, entwickelt sie sich zu riesigen Bäumen.

Gestalt: Um die Jahrhundertwende galt die Zimmerlinde als die schönste Topfpflanze überhaupt. Zweifellos ist die *Sparrmannia* mit den weichen, leicht behaarten Blättern, die von so hellem Grün sind, dass sie fast durchscheinend wirken, außerordentlich attraktiv. Sie wird auch im Zimmer recht groß, lässt sich aber leicht stutzen und in Form halten. Schon an der Blattform erkennt man ihre Zugehörigkeit zu den Lindengewächsen.

Pflege: In der Wohnung braucht die Zimmerlinde einen hellen und zugluftgeschützten Platz. Sie verdunstet viel Feuchtigkeit mit ihren Riesenblättern, sollte daher reichlich gegossen werden. Allerdings muss man Staunässe vermeiden – deshalb öfter in den Untersatz oder Übertopf schauen, ob sich überschüssiges Wasser darin befindet. Bekommt sie manchmal ein gelbes Blatt, muss das nicht Trockenheit sein, sondern kann auch die Folge eines »nassen Fußes« sein. Im Zimmer gedeiht sie auch bei trockener Luft recht gut, nur Zigarettenrauch und schlechte Luft mag sie überhaupt nicht! Ein gelegentliches Besprühen tut ihr sichtlich gut. Über Sommer kann sie auch an einem halbschattigen Platz im Freien stehen. Zimmerlinden wachsen oft schneller als ihre großen Blätter vertragen, daher ruhig kräftig stutzen.

Die großen hellgrünen Blätter der Zimmerlinde und auch die Blüten lassen jeden Raum erstrahlen!

Alljährlich sollte man die Zimmerlinde in sehr nährstoffreiche, etwas sandhaltige Erde umtopfen. Unbedingt auf eine Dränageschicht aus Tonscherben oder Kieselsteinchen auf dem Boden des Topfes achten! So beugen Sie stauender Nässe von Anfang an vor. Von Mai bis August wöchentlich einmal düngen. Die Zimmerlinde entwickelt auch schöne weißliche Blütenstände.
Im Winter sollte sie einen hellen, aber kühlen Standort bekommen, 12 °C sind gerade recht. Dann natürlich weniger gießen. Aber ab Ende Januar für mehr Wärme und Wasser sorgen, damit sie zur Blüte kommt.
Vermehrung: Durch Stecklinge; verwenden Sie die Seitentriebe von Blütentrieben. Diese wurzeln bei warmem Topf innerhalb von drei Wochen in feuchter Erde.
Arten:

- *S. africana* aus Madagaskar ist die Art, die sich bei uns als Zimmer- und Kübelpflanze durchgesetzt hat. Sie blüht von Januar bis in den März.

Ab Anfang Juni kann die Pflanze auch an einem geschützten Platz auf dem Balkon stehen, muss aber rechtzeitig vor den ersten Nachtfrösten hereingeholt werden.

Mein Rat

Wegen der Standfestigkeit sollten Sie Zimmerlinden nicht in Kunststofftöpfe setzen – große Pflanzen kippen bei dem geringsten Luftzug um. Ich halte meine Zimmerlinde in einem großen Tontopf.

Palmlilie, »Yuccapalme«

Yucca

Die Gattung *Yucca* ist in vielen Arten auf dem amerikanischen Kontinent verbreitet. Heute ist sie auch in Afrika angesiedelt und sogar in Südeuropa als Gartenpflanze zu finden. Hier sollen nur jene Arten beschrieben werden, die sich bei uns einen Platz als Zimmerpflanze erobert haben. Die Palmlilie gehört zur Familie der Agavengewächse. Benannt wurde sie von Carl von Linné (1707–1778).
Gestalt: *Yucca* ist ein vielstämmiger Baum, der bis 10 m groß wird. Der Stamm ist am Grunde verdickt und knollig und verzweigt sich nach oben hin. Die Blätter erscheinen am Stammende als ein Schopf schwertförmiger, mehr oder weniger sich neigender, spitz auslaufender grüne Blätter. Die glockenförmigen Blüten öffnen sich vollständig bei Nacht und verströmen einen starken Duft, um Nachtinsekten zum Befruchten anzulocken.
Pflege: Die Palmlilie ist als Wunderholz bekannt und beliebt; sie wird vermutlich deshalb so genannt, weil sie die Fähigkeit besitzt, aus einem Stück Stamm Blätter zu treiben, ehe sie beginnt, Wurzeln zu entwickeln. Dies führte bis heute oft zum Raubbau der Naturstandorte. Dort werden riesige Stämme einfach abgeholzt, nach Europa exportiert und hier in kurzer Zeit nach dem Eintopfen zum Austrieb gebracht. Wenn man dann der Yucca keinen bodenwarmen Platz gibt, kann es passieren, dass sie eingeht, weil sie einfach

keine Wurzeln besitzt. Die ersten Nährstoffe holt sie sich aus ihrem dicken Stamm. Wassergaben haben wenig Sinn, wenn noch keine Wurzeln da sind, die sie weiterleiten.
Im Zimmer ist die *Yucca* unproblematisch zu halten, braucht aber trotz ihrer Vorliebe für trockene Luft und volle Sonne im Winter auf jeden Fall einen kühlen Platz; 10 °C sind völlig ausreichend. Dann darf man aber nicht so reichlich gießen. Überhaupt benötigen diese Pflanzen nicht sehr viel Wasser. Auch mit dem Düngen können Sie geizen, es sei denn, die Blätter signalisieren durch ein deutliches Aufhellen Nährstoffmangel. Im Sommer kann die *Yucca* im Freien stehen; allerdings sollte sie erst an die Sonne gewöhnt werden, auch sollte man größere Stämme anbinden, denn bei Wind kann die Pflanze leicht fallen.
Vermehrung: Durch Stammteilstecklinge; das ursprüngliche untere Ende sollte auch in die Erde gesteckt werden. Auch Kopfstecklinge lassen sich vermehren.
Arten:
Da sich hartnäckig der Irrglaube hält, Yucca sei eine Palme, finden Sie diese Pflanze auch in dem Kapitel »Palmen, die keine sind«.

- *Y. aloifolia* wird wegen ihrer spitz zulaufenden Blätter auch Spanisches Bajonett genannt. Auf den Kanarischen Inseln und im Südosten der USA heimisch, wurde sie schon 1605 nach Europa eingeführt. Die Sorte 'Variegata' hat sehr schöne gelbe Ränder.
- *Y. elephantipes* hat dickere Stämme und einen lockereren Schopf als *Y. aloifolia*. Nur die oberen Blätter stehen aufrecht. Sie kam erst 1873 nach Europa. In ihrer mittelamerikanischen Heimat werden die Blätter zur Gewinnung von Fasern genutzt. Blüten und Stammspitzen liefern ein schmackhaftes Gemüse.
- Weitere Arten sind unter anderen: *Y. baccata,* die Blaue Palmlilie, *Y. brevifolia,* die Josua-Palmlilie, *Y. decipiens* und *Y. desmetiana* aus Mexiko, *Y. elata,* die Seifen-Palmlilie, *Y. filimentosa,* die Fädige Palmlilie und *Y. treculeana*, die Bajonett-Palmlilie.

Die Yucca verträgt sogar eine Unterpflanzung, wie hier mit mit *Mühlenbeckia*.

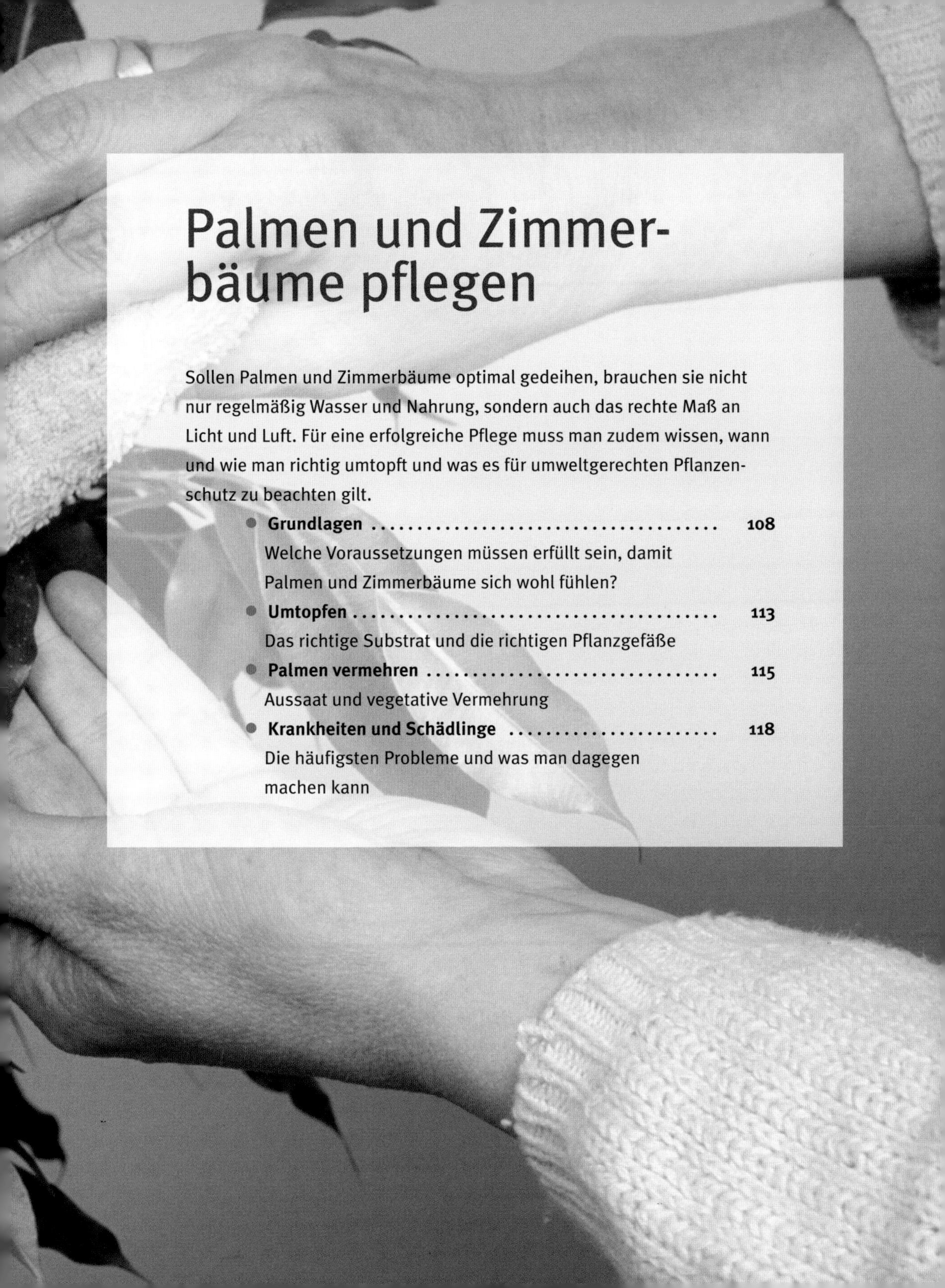

Palmen und Zimmerbäume pflegen

Sollen Palmen und Zimmerbäume optimal gedeihen, brauchen sie nicht nur regelmäßig Wasser und Nahrung, sondern auch das rechte Maß an Licht und Luft. Für eine erfolgreiche Pflege muss man zudem wissen, wann und wie man richtig umtopft und was es für umweltgerechten Pflanzenschutz zu beachten gilt.

Grundlagen

Alle Wachstumsfaktoren stehen in einem ausgewogenen Verhältnis zueinander. Dabei geben Licht und Temperatur die Richtung für Wasser und Nährstoffe an. Ist es hell und warm, muss auch reichlicher gegossen und kräftiger gedüngt werden. Deshalb halte ich nichts von Rezepturen, wie »Die Pflanze muss zweimal wöchentlich gegossen werden!«. Das ist einfach zu pauschal gesprochen; jede Pflanze ist ein Lebewesen und reagiert auf Umweltbedingungen.

Phoenix kann den ganzen Sommer über im Freien stehen. Allerdings sollten Sie die Palme erst an die Sonne gewöhnen.

Licht und Temperatur

Licht und Temperatur bestimmen folglich alle nachfolgenden Maßnahmen. Aber auch hell und hell ist nicht das gleiche, denn hier ist die Lage des Fensters entscheidend. Am besten für fast alle Pflanzen sind Fenster in Ost- und Westrichtung. Am Südfenster muss in fast jedem Fall schattiert werden und am Nordfenster ist für nur wenige Gattungen ausreichend Licht vorhanden.

Licht und Temperatur bedingen einander unmittelbar: Steht die Pflanze hell – außer natürlich in den Ruhezeiten – kann sie ruhig höhere Temperaturen vertragen. Steht sie hingegen schattig, benötigt sie in den meisten Fällen nicht so hohe Temperaturen. Denn in dunklen und warmen Räumen entwickeln die Pflanzen oft nur aufgehellte, schwache und lange Triebe. Lassen wir uns nicht davon täuschen, dass die meisten Palmen und Zimmerbäume aus tropischen Regionen kommen. Unsere Schlussfolgerung, dass sie es ganzjährig warm möchte, ist meistens falsch, denn auch in ihren Heimatgebieten sorgen Regenzeit und Trockenheit und überraschend kalte

Ficus-Arten stehen optimal am hellen, aber nicht vollsonnigen Fenster.

Nächte für einen Rhythmus im Pflanzenwachstum, den wir als »kühlen Winter« bezeichnen. Andere Pflanzen bekommen zwangsläufig durch die lichtarme Jahreszeit eine Ruhepause verordnet, die sie eigentlich nicht haben. Doch stellen wir uns auch mit den anderen Faktoren um und geben ihnen niedrigere Temperaturen, weniger Wasser und gar keinen Dünger, so kommen sie im Regelfall damit gut zurecht.
Schon an den Blättern, ihrem Aufbau und ihrer Ausfärbung kann man die Lichtwünsche ablesen: Blätter mit dicker Wachsschicht oder dichter Behaarung vertragen meistens volle Sonne, Blätter mit ledriger Struktur möchten es hell, aber nicht sonnig, und Blätter von weicher Struktur brauchen meistens einen halbschattigen Platz.

Wasser und Luftfeuchtigkeit

Den Bedarf von Palmen und Zimmerbäumen an Wasser und Luftfeuchtigkeit darf man, wie eingangs erwähnt, nicht losgelöst von den anderen Wachstumsfaktoren betrachten.

Mein Rat

Die meisten Pflanzen bevorzugen weiches Wasser. Können Sie kein Regenwasser auffangen, das immer noch das Beste ist, so sollten Sie Wasser enthärten. Hängen Sie dazu 1 Liter trockenen Torf in einem Mullbeutel über Nacht in einen 10-Liter-Eimer mit Wasser.

Auf jeden Fall gilt, dass eine Pflanze bei hellem und warmem Standort auch viel gegossen werden muss. Hat sie große Blätter, so verdunstet sie viel Wasser und benötigt entsprechend mehr Nachschub.
Aber hier sollte Ihnen kein Irrtum unterlaufen: Zum Beispiel wird die *Phoenix* (Dattelpalme) mit ihren vielen schmalen Blättern vielfach nicht als »Großverbraucher« angesehen; sie ist es aber, denn in der Summe bringt sie eine Menge Blattgrün auf die Waage. Das Gleiche gilt für *Araucaria* (Zimmertanne). Überhaupt haben Palmen einen größeren Wasserbedarf, als man gemeinhin annimmt. Und da ihre Hauptwurzeln immer tief unten im Topf liegen, muss man sie richtig durchdringend wässern, damit das Wasser auch die Wurzeln erreicht. Überschüssiges Wasser sollten Sie, bis auf einige Ausnahmen, stets entfernen. Größere Palmen und Zimmerbäume mit holzigen Stämmen gieße ich erst, wenn sie völlig trocken sind. Dann gibt es aber reichlich Wasser – so viel, bis es aus dem Topf herausläuft.
Die Pflanzen signalisieren Ihnen, wenn sie Wasser benötigen: Sie schlappen. Zudem hellt sich die oberste Substratschicht auf oder löst sich vom Topfrand. Fast alle Pflanzen werden von oben gegossen.

Die Luftfeuchtigkeit können Sie erhöhen, wenn Sie die Blätter häufig mit Wasser besprühen.

Luftfeuchte

Die Luftfeuchtigkeit hängt ebenfalls von der Temperatur und der Lichtintensität ab. Zweifellos müssen wir im Winter, während der Heizperiode, für eine höhere Luftfeuchtigkeit sorgen, indem wir die Pflanzen mehrmals täglich mit Wasser fein besprühen oder gelegentlich abbrausen. Auch sollten Sie großblättrige Pflanzen öfter feucht abwischen. Eine ebenso attraktive wie praktische Lösung ist ein Zimmerspringbrunnen, der in Pflanzennähe für eine erhöhte Luftfeuchtigkeit sorgt. Es gibt dekorative kleine Modelle, die im Raum nicht störend wirken. Sie können den Topf natürlich auch in eine Schale mit feuchtem Hydrokorn oder Porensinter stellen. Schlagen Sie bei den Pflanzenporträts nach – aus den Heimatgebieten können Sie die Ansprüche an die Luftfeuchtigkeit ableiten.
Noch ein Wort zum Lüften: Die meisten Pflanzen benötigen frische Luft. Allerdings sind sie fast alle gegenüber Zugluft und plötzlich einfallender Winterluft sehr empfindlich. Deshalb empfehle ich, den Raum bei mäßigen Außentemperaturen mehrmals täglich gründlich zu

belüften. Im Winter sollten Sie die Pflanze beim Lüften durch einen Bogen starkes Papier oder etwas Pappe vor der Kaltluft schützen.

Substrat

Das Substrat gibt Pflanzen nicht nur Halt, sondern versorgt sie auch mit den nötigen Nährstoffen und Wasser. Es ist deshalb von großer Wichtigkeit.
Ein gutes Substrat soll Feuchtigkeit speichern und luftdurchlässig sein. Als Faustregel kann gelten: Je kräftiger die Blätter sind, desto kräftiger kann auch das Substrat sein. Handelt es sich um feinblättrige Zimmerpflanzen, so sollten Sie also auch feinere Erde wählen, die nicht so viel Lehm enthält. Dann müssen Sie allerdings in den meisten Fällen in der Hauptvegetationszeit öfter düngen. Sparen Sie bitte hier nicht an der falschen Stelle! Vertrauen Sie dem Fachhandel, verzichten Sie nicht auf die Beratung und greifen Sie nicht auf Billigangebote zurück, denn diese erfüllen die Forderungen an Humusanteil und Hygiene nur in Ausnahmen.
Ein gutes Substrat soll Feuchtigkeit speichern und luftdurchlässig sein. Dieser Forderung werden meist nur Mischungen gerecht. Im Handel werden für alle Pflanzenarten passende Substrate angeboten.
Schauen wir zurück: Der bekannte Palmenspezialist Hermann Wendland (1825–1903), der von 1869 an Direktor der Königlichen Gärten von Herrenhausen war und eine Vielzahl von Palmen heranzog und pflegte, ließ für seine Schützlinge einen »urkräftigen« Boden

Auf die richtige Mischung kommt es an! Jede Pflanze benötigt ihr artspezifisches Substrat.

mischen: Dieses Substrat bestand zur Hälfte aus einer Mischung von Laub-, Heide-, Rasenerde und Sand. Die andere Hälfte war trockener Kuhmist. Aber wie mischen wir selbst das ideale Substrat zusammen? Für junge Palmen und Zimmerbäume empfehle ich, etwas mehr Sand zu verwenden. Und statt Kuhmist tut es auch eine gute Komposterde. So ist es für Gartennutzer sicherlich leicht, die »passende« Erde selbst herzustellen.
Noch ein Wort zum Torf: Da die natürlichen Torfgebiete durch regelrechten Raubbau stark zurückgegangen sind, empfehle ich, im Interesse der Erhaltung unserer Umwelt, Torf wirklich nur in Ausnahmefällen zu verwenden! Wenn Sie in Waldnähe wohnen, können Sie Ihrem Kompost auch gut verrottete Nadelerde beimischen. Außerdem gibt es inzwischen Alternativen, die die gleichen positiven Eigenschaften wie Torf besitzen:

Bevor Sie die Pflanze auf die Hydrokultur umstellen, sollten Sie die Erde gründlich aus den Wurzeln herausspülen.

Rindenmulch, Kokosfasern oder Tongranulate. Denn die Eigenschaften des Torfes werden im Allgemeinen weit überschätzt. Torf an sich ist völlig nährstoffarm, er erfüllt lediglich die Funktion des Wärmens und guten Wasserhaltens und verbessert die Substratstruktur. Auch wirkt er sich positiv auf den pH-Wert aus, weil er ein saures Milieu schafft.

Mein Rat

Sollten Sie sich für den Hydrotopf entscheiden, müssen Sie beim Umstellen auf erdlose Kultur immer sehr gründlich und vorsichtig die restliche Erde aus den Wurzeln herausspülen!

Doch jeder, der einmal das Gießen bei torfhaltiger Erde vergessen hat, weiß um seinen großen Nachteil: Er nimmt nur schwer wieder Feuchtigkeit auf.

Hydrokultur

Einige der beschriebenen Palmen und Zimmerbäume gedeihen auch in Hydrokultur gut. Die Wahl des Haltesubstrates, ob Hydrokorn, Kiesel oder Porensinter bzw. Plastikborsten, ist von der Größe und damit Schwere der Pflanzen ebenso abhängig wie von der Beschaffenheit der Wurzeln. Die Konzentration der Nährlösung sollten Sie erst allmählich steigern; anfangs reicht klares Wasser völlig aus.

Düngen

Häufiges Gießen führt zum Ausspülen der Nährstoffe, und das raschere Wachstum »zehrt« zudem, so dass wir mit Dünger nachhelfen müssen. Düngen besitzt für Topfpflanzen einen höheren Stellenwert als für Gartenpflanzen, weil die Nährstoffe irgendwann einmal ausgehen. Flüssigdünger werden am besten aufgenommen. Pflanzen, die gerade blühen, sollten einen Dünger mit hohen Phosphoranteilen bekommen. Reine Blattpflanzen benötigen viel Stickstoff. Buntblättrige Pflanzen brauchen viel Magnesium und Kalium. Die wenigsten Palmen vertragen Kalk, deshalb nicht nur mit enthärtetem Wasser gießen, sondern auch mit kalkfreiem Dünger düngen, zum Beispiel mit Azaleen- oder Rhododendrondünger.

Umtopfen

Beim Umtopfen ist die Wahl der künftigen Gefäße eine ebenso wichtige Entscheidung wie die Wahl des Substrates. Keramiktöpfe, Steingutgefäße und Töpfe aus Ton sind für große Palmen und Zimmerbäume ideal, weil sie standfester sind als Plastiktöpfe. Allerdings sind sie auch um ein Vielfaches schwerer, und das wird meistens bei großen Exemplaren irgendwann zum Problem. Empfehlenswert sind die im Handel angebotenen fahrbaren Untersätze. Ich verwende für jene Palmen und Zimmerbäume, die im Sommer im Freien stehen, Töpfe oder Kübel aus Ton, Keramik, Steingut oder Holz. Plastiktöpfe wirft der Wind beim ersten Luftzug um. Im Zimmer nehmen die Pflanzen auch mit Kunststoff vorlieb, da sie dann noch einen Übertopf erhalten. Ich achte aber darauf, dass zwischen Pflanztopf und Übertopf etwa 2 cm Luftraum bleibt.

Für welches Gefäß Sie sich auch entscheiden – es muss zwei Bedingungen erfüllen: den Wurzeln ausreichend Platz bieten und damit die Standfestigkeit der gesamten Pflanze sichern, und durch große oder zahlreiche Abzugslöcher eine gute Wasserführung garantieren, um Staunässe zu vermeiden.

Der typische »**Palmentopf**« ist wegen der langen Pfahlwurzel und der dominierenden Hauptwurzel einiger Gattungen schmal und hoch. Denn die Palmen stammen sehr oft aus Trockengebieten unserer Erde und überleben nur, weil sie bis ins Feuchte herunterreichende Wurzeln entwickelt haben. Alle flach wurzelnden Palmen erhalten Töpfe der gewöhnlichen Form, die zumeist oben annähernd so breit wie hoch sind. Adventivsprosse bildende Palmen und Zimmerbäume sollten von vornherein einen breiten Topf bekommen. Übrigens: Bei Palmen ist der Topf verhältnismäßig klein. Bei einem zu riesigen Topf kommt es nämlich leichter zu Wurzelerkrankungen. Die Wurzeln dringen nicht so schnell in die ihnen plötzlich zur Verfügung stehende Erdmasse ein. Das Substrat wird dann nur sehr langsam und ungleichmäßig trocken und bleibt kühl.

Wann umtopfen?

Wann sollten Sie umtopfen? Zum einen immer im Frühjahr, also zu Beginn der Hauptwachstumszeit, zum anderen größere Pflan-

Palmentöpfe sind meistens höher als breit, weil viele Palmen eine Pfahlwurzel bilden.

Mein Rat

Palmen und Zimmerbäume mit dornigen Sprossen und Blättern wickele ich vor dem Umtopfen in eine alte Decke.

zen erst dann, wenn die Wurzeln den Topf »zu sprengen« drohen. Besonders Palmen reagieren recht empfindlich auf dauerndes Umtopfen, daher wechsele ich mitunter nur die oberste Erdschicht aus und dünge öfter.

Jetzt wird es Zeit, die Palme umzutopfen, ihre Wurzeln drängen aus dem Topf heraus.

Wie umtopfen?

Beim neuen Topf unbedingt eine Schicht von vielen Tonscherben oder kleinen Steinen auf den Topfboden legen, ehe das Substrat darauf kommt, das gewährleistet eine bessere Wasserführung. Anschließend wird eine etwa 3 cm hohe Schicht frischer Erde eingefüllt. Nun kann die Pflanze aus dem alten Topf ausgetopft werden: Kleine Pflanzen stützen Sie dabei mit der Hand und lösen sie vorsichtig aus dem alten Topf heraus, indem Sie ihn an der Tischkante etwas aufstoßen. Die alte Erde wird leicht abgeklopft, und abgestorbene, braune und muffig riechende Wurzelteile entfernt. Auf keinen Fall einen generellen Wurzelschnitt vornehmen, denn das führt unweigerlich zu starken Wachstumsstörungen, besonders bei Palmen! Nun wird die Pflanze in die Mitte des neuen Gefäßes gesetzt und ringsherum frische Erde eingefüllt – bis etwa 2 cm unter den Topfrand. Der Wurzelansatz sollte sich gerade noch im Substrat befinden. Zuletzt die Erde recht fest andrücken.

Nach dem Umtopfen lasse ich auch ausgesprochene Freilandpalmen und Kübelbäume etwa zwei Wochen im geschützten Raum. Denn das Verpflanzen ist für jede Palme eine Wachstumsstörung und bedeutet viel Stress. Man sollte es ihr daher so leicht wie möglich machen, sich davon gründlich zu erholen. Auch dusche ich sie häufiger als sonst ab und besprühe sie. Gedüngt wird bis zum nächsten Sommer nicht, weil die frische Erde die Pflanze ausreichend mit Nährstoffen versorgt.

Palmen vermehren

Die meisten Palmen werden durch **Aussaat** vermehrt. Dazu braucht man aber viel Geduld, denn bei Palmensamen dauert es oft mehrere Monate, bis sich ein erster Keimling zeigt! Und all diese Monate darf das Substrat nicht austrocknen, aber auch nicht triefend nass sein und muss bei einer Bodenwärme von ca. 25–30 °C stehen. Und noch eine Besonderheit hat der Palmensamen: Er verliert zumeist schon kurz nach der Ernte seine Keimfähigkeit. Da in unseren Breiten kaum mit Frucht- und Samenansatz an Palmen zu rechnen ist, wird er eingeführt. Früher importierte man Palmensamen in einer geleeartigen Masse oder in feuchter Holzkohlenmasse, an die noch Luft gelangte. Denn der Samen darf weder austrocknen noch luftdicht verschlossen sein. Heute, im Zeitalter der Luftfahrt, findet man andere Wege. Allerdings sollte man Palmensamen nur im seriösen Fachhandel kaufen. Am besten sind Spezialbetriebe für exotische Sämereien. Sie verfügen über Erfahrungen und haben auch ständigen Absatz, so dass dort kein überlagertes Saatgut gehandelt wird.
Bevor es ans Aussäen geht, sollte man die meist sehr hartschaligen Nüsse einige Tage durch Quellen in warmem Wasser aufweichen. Danach kommen die Samenkörner in feuchte, sehr leichte Erde und werden etwa doppelt so hoch bedeckt, wie das Samenkorn stark ist. Ich verwende am liebsten ganz kleine Kakteentöpfchen, damit ich beim späteren Umpflanzen schon einen Ballen habe.

Mein Rat

Als Aussaaterde nehme ich stets die Erde eines Maulwurfhügels aus dem Garten oder von der Wiese. Sie ist zwar arm an Nährstoffen, aber auch ebenso arm an schädlichen Bodenlebewesen und unvergleichlich feinkrümelig.

Die kleinen Töpfe stelle ich allerdings in eine Schale (Fotoschale oder Ähnliches), in der eine Schicht Sand, Sägemehl oder anderes leichtes, keimfreies Substrat ist, das ich immer feucht halte. Die Sämlinge müssen stets warm und feucht stehen. Sind sie einmal ausgetrocknet, war alle Mühe vergebens, der Samen keimt dann zumeist nicht mehr. Die Aussaatgefäße decke ich mit einer Glasscheibe oder einer Folientüte ab, um eine maximale Luftfeuchtigkeit zu erhalten. Allerdings lüfte ich von Zeit zu Zeit, um Pilzbefall zu vermeiden.

Wie ein Grashalm keimt die Palme, erst später geht sie in die Breite.

Zimmerbäume vermehren

Zimmerbäume werden meistens durch **Trieb- oder Kopfstecklinge** vermehrt. Voraussetzung dafür ist ausreichende Bodenwärme und Feuchtigkeit. Da Zimmerbäume oft verholzte Triebe haben, sollten Sie die Stecklinge nur von solchen schneiden, die noch kräftig im Saft stehen und nicht so stark verholzt sind. Auch brauchen die Triebe mindestens ein Blattpaar.

Das Stecklingssubstrat sollte gut wasserdurchlässig sein (hoher Sandanteil) und eine feinkörnige Struktur aufweisen. Nach dem Schnitt werden die Schnittstellen mit Holzkohlepulver bestäubt, um Fäulnis vorzubeugen. Dann die Stecklinge vorsichtig in das feuchte Substrat stecken und warm stellen. Bewährt hat sich beim Vermehren auf jeden Fall ein Mikroklima, das man leicht erreicht, indem man die ersten Wochen eine durchlöcherte Folientüte über den Topf stülpt. Ein Stöckchen hält sie aufrecht, damit der Steckling nicht beengt wird. Bilden sich neue Blätter, kann man davon ausgehen, dass der Steckling bewurzelt ist. Nun noch einige Wochen warten und dann die Pflanze vorsichtig mit dem Wurzelballen in einen größeren Topf setzen. Die Erde darf nun nährstoffreicher sein. Sie können auch mehrere Stecklinge in einen Topf bewurzeln lassen, dies hat aber den Nachteil, dass Sie meistens um das Pikieren nicht herumkommen und dabei eventuell Wurzeln beschädigen.

Kopfstecklinge (hier von *Ficus elastica*) immer aus nicht verholzten Trieben und mit einem scharfen Messer schneiden.

Der Blattsteckling von *Ficus elastica* wird eingerollt, um die Verdunstung einzuschränken.

Stammstecklinge von *Dieffenbachia* werden auf die feuchte Erde gelegt, sie treiben aus den Augen aus.

Chamaedorea gehört zu den wenigen Palmengattungen, die Sie auch durch Teilen vermehren können.

Die beste Zeit zur Stecklingsvermehrung ist das Frühjahr, um den Pflänzchen genügend Lichtintensität und Wärme zu bieten. Manche Pflanzen bilden auch in einem Glas mit Wasser leicht Wurzeln. Aber auch hier gilt, dass die Pflanzen hell (nicht sonnig!) und warm stehen müssen.

Unter **Teilen** versteht man das Auseinandertrennen oder Auseinanderschneiden mehrtriebiger Pflanzen mit kräftigen Wurzeln. Das Teilen hat den Vorteil, dass man sofort zwei fast gleich große und gleich kräftige Pflanzen erhält. Die geteilten Pflanzen werden in leichte Erde eingetopft und warm und feucht gestellt. Eine Folientüte oder Glashaube erleichtert das Weiterwachsen in der ersten Zeit.

Kleinausgaben der großen Pflanze werden **Kindel oder Ableger** genannt. Sie bilden sich bei vielen Zimmerbäumen und können abgenommen und zum Bewurzeln gebracht werden. Sie sollten dazu allerdings schon groß genug sein. Dabei gilt das Gleiche wie bei der Stecklingsvermehrung: Sie sollten den jungen Pflänzchen das Durchwurzeln so leicht wie möglich machen und für ausreichende Bodenwärme und vor allen Dingen Feuchtigkeit sorgen. Auch eine Folienabdeckung wäre in jedem Fall günstig, um ein Mikroklima bei hoher Luftfeuchtigkeit zu garantieren. Kindel lassen sich auch im Glas Wasser oder in feuchtem Sphagnum-Moos bewurzeln.

Krankheiten und Schädlinge

Sie geraten bei gelben Blatträndern oder dünnen langen Sprossen leicht in Panik? Suchen verzweifelt mit der Lupe nach kleinen Tieren? In den meisten Fällen handelt es sich beim Auftreten von Krankheitssymptomen an unseren Palmen und Zimmerbäumen ganz einfach um sogenannte Kulturfehler, das heißt eine Störung der Wachstumsbedingungen: Irgendetwas wurde zu reichlich gegeben oder an irgendetwas mangelt es der Pflanze.

Kulturfehler

Abfallende Blätter, Gelbwerden der Blätter oder braune Blattspitzen müssen nicht immer ihre Ursachen im Befall von Krankheiten oder Schädlingen haben. Wenn wir die Ansprüche der Pflanzen genau kennen und uns danach richten, wird es selten zu extremen Kulturfehlern kommen. Kleine Veränderungen aber können immer auftreten – auch beim Kauf oder beim Umstellen in der Wohnung. Die Pflanzen reagieren sensibel auf jede Veränderung, gewöhnen sich aber meistens an die neuen Bedingungen.

An einem Welken der Blätter, Blattabfall oder Vergilben der Blätter trägt häufig Wassermangel Schuld. Die gleiche Wirkung hat mangelnde Luftfeuchtigkeit. Aber mindestens genauso schädlich ist Wasserüberschuss: Der Wurzelbereich fault, da Sauerstoff fehlt, die Blätter werden gelb, und die Pflanzen sterben ab. Wärmemangel, vor allem wenn er länger an-

Mein Rat

Bei zu viel Sonne einfach die Pflanze – besonders im Urlaub – mit durchsichtigem Seidenpapier abdecken, sie bekommt trotzdem ausreichend Licht.

Diese Palme wurde augenscheinlich zu wenig gegossen und der prallen Sonne ausgesetzt.

hält, verzögert das Wachstum der Pflanzen, besonders bei Jungpflanzen, und bietet zudem eine Brutstätte für pilzliche Erreger. Fehlt Bodenwärme bei der Stecklingsvermehrung, bilden sich kaum Wurzeln, und es treten pilzliche Krankheiten auf. Durch Wärmeüberschuss entstehen ebensolche Schäden, vor allem wenn die Pflanze gerade eine Ruhepause durchmacht. Verbunden mit zu starker Sonneneinstrahlung kann Wärmeüberschuss zum Verbrennen und Austrocknen der Pflanzen führen. Lichtmangel bedingt zumeist ein Vergeilen und Weichwerden der Triebe.

Tierische Schädlinge

Sie müssen rechtzeitig erkannt werden, damit wir die Pflanze retten können, ohne die umweltschädigende berühmte »chemische Keule« einsetzen müssen. Am meisten machen sich an unseren Palmen und Zimmerbäumen Läuse aller Art breit. **Blattläuse** sind den weichblättrigen Pflanzen vorbehalten; sie treten vor allem dann auf, wenn die Luft zu trocken ist und die Temperaturen nicht den Ansprüchen entsprechen. Ein Seifenbad schafft manchmal schon Abhilfe.

Schildläuse sind hartnäckiger und machen auch vor Palmen und ledrigblättrigen Zimmerbäumen nicht Halt, wenn diese in zu warmen Räumen stehen und noch dazu trockene Zimmerluft vorherrscht. Schildläuse müssen abgesammelt werden, besonders in den Blattachseln und jungen Austrieben sind die kleinen bräunlich runden Schilde zu entdecken. Bei starkem Befall kommt es zum Gelbwerden der Blätter und zum Blattabwurf. Wichtig ist, beim Absammeln das Substrat abzudecken, damit sich die Eier der Läuse, die unter dem Schild sitzen, nicht in der Erde vermehren. Anschließend sollte man die Pflanze mit einer Seifenlauge abwaschen.

Woll- und Schmierläuse bilden weißliche oder graue Wattegespinste bzw. klebrige Ausscheidungen. Sie sind in den Blattachseln zu finden. Suchen Sie ganz sorgfältig jede Blattachsel ab, da sich die Wollläuse nicht so deutlich auf der Blattoberseite präsentieren, sondern immer unterseits an den Blattadern und den jungen Blatt- und Blüten-

Wollläuse siedeln sich gern an den Blattunterseiten und in den Blattachseln an, vor allem wenn die Pflanzen im Zimmer an einem lufttrockenen und warmen Platz stehen.

Bei Schildläusen sollten Sie diese regelmäßig absammeln und künftig für mehr Luftfeuchtigkeit in Pflanzennähe sorgen.

Spinnmilben treten bei warmer und trockener Zimmerluft auf. Zumeist nehmen Sie diese Schädlinge erst wahr, wenn die Pflanze bereits geschädigt ist.

knospen versteckt halten. Auch in diesem Fall steht die Pflanze zu warm und zu lufttrocken. Sie können die Läuse »ersticken«, indem Sie ihre Wattegespinste mit Öl einträufeln und später abwischen.

Die **Weiße Fliege** tritt dann auf, wenn die Pflanzen nicht luftig genug stehen. Beim Berühren der Pflanze steigt ein Schwarm kleiner weißer Insekten auf. Hier sind klebrige Gelbtafeln, wie sie im Fachhandel erhältlich sind, von Nutzen, und Sie sollten für eine gute Durchlüftung des Raumes sorgen.

Spinnmilben, auch »Rote Spinne« genannt, treten dann auf, wenn die Luft zu trocken und zu warm ist. Sie erkennen sie an feinen weißen Gespinsten zwischen den Fiedern und anderen Blattteilen. Hier hilft als Erstes ein gründliches Abspülen der Blätter mit schwacher Seifenlösung; langfristig müssen Sie für bessere Bedingungen im Raum sorgen.

Pilzerkrankungen

Bei hoher Luftfeuchtigkeit, Kühle und geringer Luftbewegung treten Pilzkrankheiten auf. **Grauschimmel** beispielsweise bringt Pflanzenteile zum Faulen und ist erkennbar an einem grau-weißen Belag. Dann heißt es: Befallene Pflanzenteile sofort entfernen, für Durchlüftung und höhere Temperaturen sorgen. **Rostpilze** verursachen rötlichbraune Flecken auf den Blättern. Blattfall und Triebverkümmerungen sind die Folge. Befallene Blätter müssen vernichtet werden, und beim Gießen dürfen die Blätter nicht benetzt werden.

Wurzel- und Stammfäule bei stauender Nässe

Stammfäule tritt meistens dann auf, wenn die Pflanze über längere Zeit zu nass und zudem zu kühl steht.

Wenn Sie gegen die Weiße Fliege Gelbtafeln anwenden, so sollten Sie die Pflanze öfter schütteln, um die Schädlinge aufzuscheuchen.

ist ebenfalls Folge einer pilzlichen Krankheit. Hier hilft nur, die Pflanze umzutopfen und für bessere Wasserführung durch Tonscherben oder Tongranulat zu sorgen.
Bei allen Krankheiten konnte ich feststellen, dass die ganz jungen und die kümmernden älteren Pflanzen am ehesten befallen werden. Eine gesunde Pflanze, die kräftig im Wuchs und gut abgehärtet ist, wird selten von Krankheiten und Schädlingen heimgesucht. Deshalb immer die Wachstumsfaktoren entsprechend der Pflanzenart gestalten!

Auf einen Blick

- Je heller und wärmer eine Pflanze steht, desto mehr Wasser und Dünger benötigt sie in der Regel.
- Auch Palmen und Zimmerbäume, die aus warmen Regionen kommen, unterliegen in ihrer Heimat einem Rhythmus zwischen Wachstums- und Ruhezeit.
- Palmen haben einen deutlich größeren Wasserverbrauch, als man gemeinhin annimmt; sehr viele vertragen aber keinen »nassen Fuß«.
- Kalkunverträgliche Pflanzen düngt man am besten mit Azaleen- oder Rhododendrondünger.
- Die meisten Palmen werden durch Aussaat vermehrt, die meisten Zimmerbäume über Stecklinge oder Ableger.
- Kräftige, abgehärtete Pflanzen wirken nicht nur gesünder, sie sind auch insgesamt widerstandsfähiger gegen Krankheiten und Schädlinge.

Adressen die Ihnen weiterhelfen

Bezugsquellen

Die meisten der im Buch vorgestellten Palmen und Zimmerbäume erhalten Sie in gut sortierten Gärtnereien oder im Garten-Center. Darüber hinaus gibt es auch spezielle Anbieter, die ihre Pflanzen teilweise auch versenden und die auch für eine Beratung zur Verfügung stehen. Nachfolgend eine Auswahl ohne Anspruch auf Vollständigkeit:

THRINAX – Palmengärtnerei
Jörg Schumann Rathausplatz 2
09247 Röhrsdorf
www.palms.de
Bestellungen über:
THRINAX – Palmengärtnerei
Buchenallee 54
16341 Panketal (bei Berlin)
Tel.: 030/94 51 94 52

Gartenbaumschule Miller
Mediterrane Pflanzen
Kellerstraße 197
25462 Rellingen
www.miller-pflanzen.de

EXOTICA
Marita und Ernst Specks
Wiesengrund 39
41812 Erkelenz-Golkrath
www.specks-exotica.com

Tropengarten
Grillparzer Weg 35 a
42289 Wuppertal
www.tropengarten.de

Palmen und Exoten
Benedikt Schmidt & Eckhard Erling
Friedrich-Naumann-Straße 23–25
55131 Mainz
www.palmen-exoten.de

Mediterrane Pflanzen
Michael Müller
Daimlerstraße 40
72147 Nehren
www.mediterrane-pflanzen.com

Palme per Paket
Tobias W. Spanner
Tizianstraße 44
80638 München
www.palmeperpaket.de

Flora Mediterranea
Maria und Christoph Köchel
Königsgütler 5
84072 Au / Hallertau
www.floramediterranea.de
(keine Palmen)

flora toskana
Hans-Peter Maier und Tanja Ratsch
Schillerstraße 25
89278 Nersingen OT Straß
www.flora-toskana.de

Palmenhandel Matthias Bolschetz
Arnulfstraße 14/16
94060 Pocking
www.palmenhandel.de

In Österreich:
Palmengarten
Robert Lackner und Partner
Burggasse 1a
A-2405 Bad Deutsch-Altenburg
www.palmengarten.at

In der Schweiz:
Palmetto
Palmen & Kübelpflanzen
Via Industrie
CH-6592 S. Antonino
www.palmen-palmetto.ch

Adressen

Liebhabergesellschaften
Europäische Palmen-Gesellschaft
c/o The Palm Centre Ham
Central Nursery
Ham Street, Ham
Richmond, Surrey TW10 7HA
Großbritannien
www.palmsociety.org

Besuchenswerte Palmensammlungen:
Palmenhaus Pillnitz
Schlösser und Gärten Dresden
August-Böckstiegel-Straße 2
01326 Dresden
www.schloesser-dresden.de

Botanischer Garten der Universität Leipzig
Linnéstraße 1
04103 Leipzig
www.uni-leipzig.de/bota

Botanischer Garten der Friedrich-Schiller-Universität Jena
Fürstengraben 26
07743 Jena
www.2.uni-jena.de/biologie/spezbot/botgar/botgar.html

Botanischer Garten
München-Nymphenburg
Menzinger Straße 61
80638 München
www.botmuc.de

Botanischer Garten und
Botanisches Museum Berlin
Freie Universität Berlin
Königin-Luise-Straße 6–8
14195 Berlin
www.bgbm.org

Schaugewächshäuser der
Botanischen Gärten Bonn
Rheinische Friedrich-Wilhelms-Universität
Meckenheimer Allee 171
53115 Bonn
www.botgart.uni-bonn.de

Palmengarten der Stadt
Frankfurt
Siesmayerstraße 61
60323 Frankfurt am Main
www.palmengarten-frankfurt.de

Österreich:
Palmenhaus Schönbrunn
Schönbrunner Schloss-Str. 13
A-1130 Wien
www.schoenbrunn.at
(größtes Palmenhaus Europas)

Weiterführende Literatur

Bärtels, Andreas: Farbatlas Tropenpflanzen. Ulmer-Verlag, Stuttgart, 2002

Dammer, Udo: Palmenzucht und Palmenpflege. Verlag der Königlichen Hofbuchdruckerei Trowitsch & Sohn, Frankfurt a.d. Oder, 1897

Jones, David: Palmen. Könemann in der Tandem-Verlags GmbH, Köln, 2002

Kawollek, Wolfgang: Kübelpflanzen. Ulmer-Verlag, Stuttgart, 1995

Kämpfer, Dieter: Schöne Palmen für Zimmer und Wintergarten. Ulmer-Verlag, Stuttgart, 1999

Köchel, Christoph und Köhler, Lutz: Wintergarten. BLV Buchverlag, München, 2001

Lötschert, Wilhelm: Palmen. Ulmer-Verlag, Stuttgart, 2006

Manke, Manfred: Palmen. Verlag für die Frau, Leipzig, 1988

Schubert, Margot: Wohnen mit Blumen. BLV Buchverlag, München, 21. Aufl. 2005

Rohwer, Jens: Pflanzen der Tropen. BLV Buchverlag, München, 2000

Biedinger, Nadja: Die Welt der Tropenpflanzen, DuMont Reiseverlag, Ostfildern, 2000

Gibbons, Martin: Palmen, Das neue kompakte Bestimmungsbuch, Könemann Verlagsgesellschaft, Köln 1999

Jenuwein, Heinz: Avocado bis Zuckerrohr, Tropische Nutzpflanzen selbst heranziehen, Ulmer-Verlag, Stuttgart, 2004

Ratsch, Tanja: Exoten im Garten, Ulmer-Verlag, Stuttgart, 2006

Peter Schütt, Horst Weisgerber, und Hans J. Schuck: Bäume der Tropen, Nikol Verlag, Hamburg, 2004

Stichwortverzeichnis

Seitenzahlen mit * verweisen auf Abbildungen.

Über die Autorin

Die Gärtnerin und Journalistin Elisabeth Manke studierte an der Humboldt Universität zu Berlin Gartenbau. Sie betrieb lange Jahre gemeinsam mit ihrem Mann, Manfred Manke, ebenfalls Gärtner und Buchautor, eine Palmen-Handelsgärtnerei in Mecklenburg-Vorpommern. Die Begeisterung, die Elisabeth Manke für Palmen und große tropische Pflanzen hegt, ist bis heute ungebrochen.

Bibliographische Information Der Deutschen Bibliothek
Die Deutsche Bibliothek verzeichnet diese Publikation in der Deutschen Nationalbibliografie; detaillierte bibliografische Daten sind im Internet über http.//dnb.ddb.de abrufbar.

Bildnachweis:
Becherer: Seite 17, 19, 20, 21, 22, 24, 25, 30, 37, 42, 47, 50, 52, 53 r., 81, 111, 113, 115, 117 r., 119, 120 l., 121 o.
Eisenbeiss: Seite 5, 35, 41, 62
Hagen: Seite 36, 40
König: Seite 31
Morell: Seite 49, 72 u., 91 r., 102
Redeleit: Seite 80, 106/107, 108
Reinhard: Seite 8, 9, 10 o. und u., 11, 12, 53 l., 56, 77, 78, 94, 101, 112, 121 u.
Samer: Seite 118
Seidl: Seite 23, 26, 27, 39, 75 (klein), 88, 114, 120 r.
Strauß: Seite 1, 2/3, 4, 6/7, 13, 14/15, 16, 28, 29, 34, 40, 44, 46, 48, 54, 55, 57, 58, 59 o. und u., 60/61, 63, 64, 65, 66, 67, 69, 70, 72 o., 73, 74, 75 (groß), 76, 79, 82, 84, 85, 86, 87, 89, 91 l., 92, 93 (beide), 96, 97, 99, 100, 103, 105, 109, 110, 116 r. und l., 117 l.
Bildagentur Waldhäusl: Seite 33

Überarbeitete und erweiterte Neuausgabe des Titels »Palmen und Zimmerbäume« aus der BLV-Reihe »blv garten plus«

BLV Buchverlag GmbH & Co. KG
80797 München

Umschlagfotos:
Olaf Szczepaniak/Jahreszeiten-Verlag
Strauß (Rückseite)

Lektorat: Dr. Thomas Hagen

Redaktionbüro: Wolfgang Funke, Augsburg

Herstellung: Hermann Maxant

Satz: Uhl+Massopust, Aalen

Gedruckt auf chlorfrei gebleichtem Papier

Printed in Germany ·
ISBN 978-3-8354-0573-8

Pflanzen mit Urlaubsflair

Maria Sansoni-Köchel
Kübelpflanzen – der Traum vom Süden
Toskana und Tropen auf der Terrasse: über 160 Kübelpflanzen aus aller Welt von A – Z in ausführlichen Porträts mit Profi-Rat zu Pflege, Überwintern und Pflanzenschutz · Pläne zum Gestalten und Bepflanzen von Wintergärten.
ISBN 978-3-8354-0575-2

Bücher fürs Leben. blv